D・E・スーパーの生涯と理論

キャリアガイダンス・カウンセリングの世界的泰斗のすべて

全米キャリア発達学会 著
National Career Development Association

仙﨑 武・下村英雄 編訳

図書文化

The Career Development Quarterly
Volume 43 Number 1
by the National Career Development Association

Copyright © 1994 by the National Career Development Association
Japanese Edition © Toshobunkasha, 2013

All Rights Reserved. Authorized translation from the English language edition published by John Wiley & Sons Limited. Responsibility for the accuracy of the translation rests solely with Toshobunkasha and is not the responsibility of John Wiley & Sons Limited. No part of this book may be reproduced in any from without the written permission of the original copyright holder, John Wiley & Sons Limited.

Japanese translation rights arranged with John Wiley & Sons, Ltd., Chichester, West Sussex, UK through Tuttle-Mori Agency, Inc., Tokyo

まえがき　本書の刊行に寄せて

　英国の歴史家，E. H. Carr によれば，"歴史とは，現在と過去との対話"であるという。本書は，その対話の事例の一つとして，キャリアガイダンス・カウンセリング分野の世界的泰斗，Donald Edwin Super 博士（1994.6.21.逝去，享年 84 歳）の実像を伝えるため，国際的に定評のある『Career Development Quarterly』（The National Career Development Association, est., in 1913）が発行した特集号（タイトル・職業指導からキャリアカウンセリングへ：尊師への評論集）の全文（A5判 Pp 3～112）の翻訳書である。

　スーパー博士（以下，博士またはスーパーと略記）の没後，はや 19 年になるいま，われわれが，今般本書の刊行を企てたことには，次のような2つの大きな理由がある。その第一は，1950 年代以降，スーパーとその協力者によって構築された「職業的（進路）発達理論」に対し，これまでほとんど知られていなかった高弟各位の見方，考え方や受け止め方などが明らかにされているからである。さらに，本特集の特色となっているのは，原誌の編集長（当時）で，博士の高弟の一人，M・サビカスが80年余にわたる博士の「伝記」を綴っていることである。いまさら贅言を要しないが，一般に「理論」は，人が考え人によって唱えられるのが普通である。その際，立論の背景，動機などの側面で大切な要因になるのは，その人の"生育歴，生活歴"であろう。1950 年代から現在にかけて出版された，この分野の類書では，本論とともに，スーパーの来歴が簡単に紹介されているだけで，「伝記」のような形で，家庭生活を含む生活史にはほとんどふれられていない。このたび，本書によって，その詳細が描写されていることは，スーパー像に関するわれわれの全体的・総合的理解のうえで欠かせない有力な素材といえよう。

　周知のように，職業指導に関する学説や理論については，かつて2つの潮流があった。その1つは，1909 年 F・パーソンズが唱え，1950 年代，J・マイヤーズによって体系化された『Traits & Factory Theory』（特性・因子説）

(いわば，人と職業を指示的相談によって進路を結合する指導方式），他は，1927年から5年余にわたり，メイヨ・E. らにより実施された「ホーソン工場実験」（シカゴ郊外，ある電気会社の工場での実験的調査を通じ，企業の生産性向上には，経営側による労務・賃金等の「効率」（efficiency）と同時に，働く勤労者のモラール・人間関係等の「感情」（sentiment）の重要性を実証的に明確化した，草創期の産業・労働関連分野の先駆的調査・研究）を嚆矢とし，その後の精神分析学，深層心理学等の学問的研究を踏まえて唱導された「Psycho-Dynamics Theory」（心理動態説）という流れである。

スーパーはこれら2つの流れにつき，この分野の研究・実践上，古典的な学説や理論～「特性・因子説」VS.「心理動態説」～の長短を理論的に検証するとともに，関連科学（自己実現説，発達課題論等）の学問的知見も援用し，独創的，革新的な「職業的（進路）発達理論」の構築に至った，という研究経過がある。

スーパーによる理論の全容は，本書巻末の膨大な文献リストでも明示されており，この分野の人口に膾炙しているが，ここで，その理論構築の経緯と骨格をなす要素を敢えてキーワード的にあげるならば，およそ次のようである。

まず，20世紀初頭，全米職業指導学会（現・全米進路発達学会）による，職業指導の定義（1913年，37年）への批判的新見解（1957年）～「職業指導とは，自己概念の漸進的形成，その現実吟味と職業的用語への転化を援助する過程」とする再定義，「職業生活の諸段階（「成長」「探索」「確立」「維持」「下降」）とその生涯各期，職業的発達課題の提示，職業的発達に関する12の命題，職業的発達（成熟）の評価モデル，そしてこれらのいわば理論仮説を実証的に検証するための長期縦断的な追跡研究（CPS）の実施，その後の，職業的発達理論の臨床的応用（コンピュータ利用によるキャリアガイダンス，螺旋的キャリアカウンセリング説，ライフ・キャリア・レインボー，アーチ型概念モデル）の提唱等々である。

スーパー後，多くの高弟らによって，時代・社会の変化や関連科学の発展

を受け継ぐ新しい理論（といっても現段階では所見・提言の類）が相次いで発表されているが，そのいずれの諸説も，スーパーの理論に触発されたもので，その意味からすると，スーパーの理論は，この分野の歴史上，画期的な意義がある，と思われる。

　本書の刊行に対するもう1つの大きな理由は，スーパー博士とわが国とのかかわりをあらためて強調しておきたかったからである。この点についても，2つの視点からみることができる。その第一は，博士の主な活躍舞台であった「International Association for Educational and Vocational Guidance・略称 IAEVG」（国際教育・職業指導学会，創設1953年，日本加入1955年）に於けるわが国との関係や影響についてである。この学会は，規約に基づく事業として「研究大会」や「研究セミナー」「視察旅行」等を次のように毎年次，おもにヨーロッパ各国・各都市で開催しており，（毎回ではないが）わが国からも，選出された役員，通信員や研究発表者として出席した各位によって，その概要（テーマ，日程，プログラム，記念講演，分科会等）が，その都度報告されている。

　以下に，その開催国・開催地をあげておく。（Congressesは4年に1回，定期総会，研究大会，Seminars（研究協議会）は毎年開催。"下線有り"は日本からの参加者のあった研究集会，開催地，開催年を示す）

Congresses：ボン（1954），ブリュッセル（1958），パリ（1962），<u>メキシコ市（1969）</u>，ケベック（1973），<u>サレルノ（1976）</u>，ケニヒシュタイン（1979），<u>マニラ（1980）</u>，フローレンス（1983），<u>ドブロクニック（1985）</u>，<u>アンシー（1987）</u>，ストックホルム（1994），モントリオール（1990），<u>リスボン（1991）</u>，<u>マドリッド（1994）</u>，<u>ストックホルム（1995）</u>，バーミンガム（1999），ベルリン（2000）

Seminars：モンテカチーニ（1953），マルゲーテ（1959），エルサレム（1960），ミースブルグ（1963），ウイーン（1966），マドリッド（1967），ローマ（1968），

ベオグラード（1970），ジョイ・エン・ジョサス（1972），リスボン（1975），ニュールンベルグ（1977），アテネ（1978），ケンブリッジ（1979），オタワ（1980），リミニ（1980），マドリッド（1982），エルサレム，ダブリン，メキシコ（1984），西ベルリン（1986），ブエノスアイレス（1986），東京（1988），エジンバラ（1989），テネリフ（1992），サンマリノ（1992），ブタペスト（1993），ジンバブエ（1994），ブエノスアイレス（1995），コンスタンツ湖，ダブリン（1996），フロリダ，ブカレスト（1997），ベニス（1998）

Conference（2004年以降大会とセミナーを一体化）：（米）サンフランシスコ（2004），（葡）リスボン（2005），（諾）コペンハーゲン，（墨）モレロス（2006），（伊）パドバ（2007），（亜）ブエノスアイレス（2008），（新）ウエリントン，（芬）イワシクラ（2009），（印）バンガロール（2010），（濠）ブリスベン，（南ア）ケープタウン（2011），（独）マンハイム（2012），（仏）モンペリエ（2013），（加）ケベック（2014），（日）筑波（2015）

ちなみに（私事で恐縮だが）上記のIAEVG主催による研究大会，研究セミナー等に個人として，後・理事（1983－1995）として出席，博士の声咳に接して直接・間接に薫陶を受けたのは，メキシコ（1969），サレルノ（1976），ニュールンベルグ（1977），ケンブリッジ（1979），フローレンス（1983），国際応用心理学会日本大会（1990，京都），リスボン（1991），サンフランシスコ（2010，追悼集会）等々の研究大会，セミナーや国際シンポジウムにおいてであった。そのたびに感じた博士の温顔と高邁な識見の数々は，いまも（筆者の）脳裏に深く刻まれており，終生忘れ難い"尊師との出会い体験"となっている。

第二に，海外においてではなく，わが国のキャリアガイダンス・カウンセリング分野におけるスーパー博士の貢献についてふれておく必要がある。スーパー博士の所論に関しては，1950年代末から一部の有職者には

知られていたが，より広く知られるようになったのは，博士の主著『The Psychology of Careers』（Harper & Brothers 1957，翻訳・日本職業指導学会『職業生活の心理学』1960，誠信書房）の出版が契機であった。この文献にふれた，わが国の研究者の間から，博士自身から直接的な指導を望む声が高まった。こうした気運に対応すべく，文部省，産業界などの協力や在日米国大使館，アジア財団などの助成も受けて，（財）日本職業指導協会（現・日本進路指導協会）主催により2回にわたる「職業指導研究セミナー」が開かれた。

1回目は，1961年7～8月，主任講師はD・E・スーパー博士。会期は，工場視察を含めて10日間。会場は，立教大学と神戸大学。受講者は，東京44名，神戸40名。所属は大学・中・高教員，教育委員会指導主事や産業人。両会場とも同じプログラムで，午前中には博士の講義，午後は全体会や所属別グループ討議などで提起された博士へのQ&Aと日本側主任助言者（当時・立教大学　藤本喜八教授）の助言などにあてられた。

戦後，GHQ主導による教育改革やSPS（Student Personnel Service）関係の研修会講師として，多くの米国人学者が来日したが，職業指導の理論と方法に精通した学者の来日は，スーパー博士が最初であった。

参加者のすべてが，博士の学識，誠実な人柄と健康度には敬服。筆者は高校教員の一人として参加したが，終了後，日本側のある助言者から，「これまで多くの米国研究者と交流したが，これ程の人物に会ったのは初めてである」。また，「よくぞこんな立派な学者を招いたものだ」とこの研究セミナーを高く評価する声の一方，『職業指導研究セミナー報告書』（1962年，主催者刊）の「教訓と成果」の項で，博士が離日時に洩らされた日本の学校職業指導の現状に関する博士の見解が論議を呼んだこともある。博士いわく"日本の事情はよく知らないが，講義内容への質問や各グループの報告などからの憶測"と断ったうえ，"日本の学校職業指導の考え方は，1961年の米国のそれと近いが，指導の方法・技術は1941年，校内組織は1921年の米国とよく似ている"つまり，"換言すれば，その考え方は米国とほぼ同じだが，方

法と技術は20年間，組織体制には40年間の落差がある"と。こうした日米比較に関する比喩的な表現に対し，後日，わが国の教育関係者の一部には"反発"する向きもあった。しかし，1958，60年の中・高校学習指導要領の全面改訂に伴って，漸く数々の改善（例・「進路指導」への名称変更，教育課程上の位置づけ，学級・HR教員の指導）がなされた当時の実情から考えると，参加者の一部には奇異感があったものの，専門家の間では，博士の指摘は"おおむね妥当"との反応が多数であったことを付記しておく。

こうした趨勢に応えるために，前回と同じ主催者・プログラムによって1969年3月，再びスーパー博士を招いて2回目の「職業指導研究セミナー」が開催された。その講義主題は，「その後の職業的発達理論の展開」と「職業適合性の評価」。会期は4日間，会場は国立教育会館。受講者は研究・実践者約80名で前回受講者が大半のほか，今回は韓国・タイ・マレーシアからの参加者もあり，わが国とアジア諸国の代表者によるパネルディスカッションが行われるなど，スーパー理論の国際的な広がりを感じさせる充実したセミナーとなった。筆者は，『セミナー報告書』（1969年発刊）の編集や速記文の調整を託されたため，博士の講義や受講者からのQ&Aの全体を熟読する機会に恵まれ，多くの再受講者と同様に，博士による「理論」の全容をより深く学ぶことができた，と思う。

そして，3回目，1990年7月，京都（於，国際会議場）で開かれた「第22回　国際応用心理学会・日本大会」の「進路発達部会」（主宰と助言者はスーパー博士，研究発表は，M・サビカスをリーダーとする米国の研究チーム，不肖も大会実行委員会の要請により「日本の高校生―普通科・職業科―のキャリア形成と課題」につき配布した英文レジュメによって現状報告。本大会終了後，博士と共に東京へ移動し，日本進路指導学会主催で，特別講演会を開催。その講演主題は「進路発達理論とその臨床的応用」。会場は，日本大学法学部校舎。この分野に通じた，渡辺三枝子氏の適切な通訳もあって，

博士の講演は，多くの出席者を魅了した。会場を移して開かれた「スーパー先生を囲む会」では，博士と出席者間との交流や談笑が延々と続き，相互の親睦が大いに深まるなど，名実ともに誠に有意義な研究会であったと，いまも記憶に新しい。

　以上に述べたように，スーパー博士とわが国におけるキャリアガイダンス・カウンセリング分野との多年に及ぶかかわりとその影響・貢献に関しては，IAEVGの新機関誌「International Journal for Educational and Vocational Guidance」の創刊号（2001）にて，「Donald E. Super's Contribution to Career Guidance and Counseling in Japan」と題する英文論文（共著－渡辺三枝子，E. L. Herr，仙﨑）として，総括的にまとめられている。また，日本進路指導学会「研究紀要」（2002，第21巻1号）でも，英文のまま転載されており，その邦訳は，文教大学教育研究所「紀要」（2001，第10号）にも掲載されている。各位のご参考になれば幸いである。

　ところで，本書の内容は，後出の目次で明らかなように，各著者によるスーパー博士への追悼文を含む序文と，これまであまり知られていない「伝記」に続き，10名の高弟によって，8本の「評論」が掲載されており，わが国の諸賢にとって，大きな指針となろう。原文の訳出については，わが国のこの分野の第一線で働いておられる先導的研究者や若手実践者の各位にお願いしたが，原著の各評論が高度な本格的学術論文として叙述されており，平素あまり使われない専門用語や専門団体名などが多用されているため，訳者によっては1994年に発行された『Career Development Quarterly』本文や原著者が各文末にあげられている参考文献（本書では省略）を，わざわざ発行先から取り寄せるなど，各位には大変なご苦心があったと聞き及んでいる。本書には，こうしたご苦心やていねいな推敲を経た名訳が並んでおり，読み応えでも十分である。（原著者と訳者のプロフィールは巻末参照）

ご高承のように第二次安倍内閣では教育再生の一環として，いじめ対策や体罰禁止などが声高に叫ばれている半面，子ども・若者の社会的・職業的自立に必要な資質・能力の育成をめざすキャリア教育やその指導活動の中核をなす，キャリアガイダンス・カウンセリングの機能が相対的に軽視されている嫌いがないでもない。この際，先行きが見えない，指導方法がわからない，どう取り組むか迷っているなどに出くわしたら，無闇に突き進むのではなく，ある種の勇気をもって来た道を引き返す。つまり，物事の原点に回帰することが普遍的ルールである。この意味で未来の新天地を求めて世界を放浪する旅人（この場合はキャリアガイダンス・カウンセリングの真髄に迫ろうとする教育関係者）にとって，その貴重な原点と目される本書は，有意義な指標を与えるものと確信している。今後，この分野の研究・実践上，大いなる利活用を願ってやまない。

　おしまいになったが，出版事業が厳しさを増す折，本書の出版をご快諾され，翻訳権の取得や編集上，多大なご苦労をおかけした，図書文化社の皆々様に厚くお礼を申し上げて（やや冗長になったが）本書の"まえがき"に代える次第である。

2013 年秋
Honor Donald E. Super：その遺訓を偲びつつ

編訳者代表　仙﨑　武
下村英雄
〔文責：仙﨑　武〕

目　次

まえがき　本書の刊行に寄せて　3

原誌　序文
ドナルド・E・スーパーへ捧げる記念評論集 …………………………… 14

伝　記
追慕・ドナルド・エドウィン・スーパー博士：
行き先をかぎつけていた探険の一生………………………………… 16
　成長期　17
　探索期　19
　確立期　25
　維持期　30
　下降期　31
　キャリアのテーマ　38

評　論

第1章 職業理論へのスーパーの貢献：仕事観 ……………… 44
　問題の発端 44／仕事観とは何か：その概念 46／仕事観の種類（分類学）47／情動面に占める価値観の位置 48／評価法の問題 49／仕事観が人の職業行動に及ぼす影響：仕事観の意義 52／結び 54

第2章 キャリア発達とカウンセリングにおける自己概念理論 … 56
　自己概念に伴う操作的な問題 58／自己概念理論を説明する最近の研究 59／理論，研究，そしてカウンセリングへの含意 66

**第3章 主題外挿法：キャリアカウンセリングと
キャリアパターンの統合**……………………………………… 68
現代における TEM の地位 71／現代のキャリアカウンセリングにおける TEM の精緻化 74／結論 81

第4章 キャリア発達を測定する：現状と将来の行方……………… 84
キャリア発達：社会的な課題と個人的な反応 86／キャリア発達の測定 89／未来に戻れ：キャリア発達の測定 93

**第5章 進路選択のレディネス：
プランニング，探索，意思決定**……………………………… 96
レディネス：構成概念とその用法 97／レディネス：そのテーマについての詳説 99／レディネス：今後の方向性 103／結論 107

**第6章 成人のキャリア適応性：
いま，必要とされる構成概念**………………………………108
適応性の研究者：スーパー，彼の同僚，彼ら以外の研究者 110／名前のないゲーム 111／適応性を開発する戦略 117／歯科モデル 121／私たちはどこへ行くべきなのか？ 124

第7章 役割特徴と多重役割：ジェンダーの視点から……………126
役割特徴とは何か？ 127／カウンセリングにおける役割特徴の評価 131／役割特徴とジェンダー 133／ジェンダーとキャリアパターン 134／役割の有意味性 136／役割をやりくりすることの重要性 138／結論 141

第8章 文化的な文脈におけるキャリア………………………………144
キャリア成熟 145／国際的な視点 148／将来の方向性 150／結論 153

原文　文献リスト　155
あとがき　21世紀に生きるスーパー　168
索引　177
原著者：執筆・翻訳者リスト　182
編訳者（代表）紹介

================= コラム =================

ガイダンス・カウンセリングにおけるD・E・スーパーの意義［國分康孝］… 42
"A life-span,life-space approach to career development."をめぐって［菊池武剋］
　………………………………………………………………………………… 55
スーパーのキャリア発達理論から「能力開発構造図」へ［宮崎冴子］……… 83
今日のキャリア教育の礎石としてのスーパー［藤田晃之］………………… 125
私のキャリアに影響を与えたスーパー博士との出会い［三村隆男］………… 143

原誌　序文
ドナルド・E・スーパーへ捧げる記念評論集

　ドナルド・E・スーパーが全米職業指導学会（NVGA：現・全米キャリア発達学会，NCDA）に入会後60年目の記念日に，彼の同僚たちは，彼のキャリア理論と実践活動に果たした多大な貢献に対し，『職業指導からキャリアカウンセリングへ：ドナルド・E・スーパー師への評論集』と題した記念誌をもって讃えることにした。

　これは，スーパーがNCDA会員としての現役から引退する機会に，長年の彼の貢献に心からの敬意を払いたい，という私たちの思いからであった。

　スーパー教授は1994年6月21日に亡くなられた。私たちはかの人への追悼の念から，彼の業績を物語るとともに，数々の業績を顕彰したいと願った。

　献呈というとき，スーパー博士ならば，きっと単なる追憶ではなく，含蓄に富み，読者が互いに喜びを分かち合える内容であることを願われるであろう。これまでそうであったように。しかし，この記念評論集は，スーパー博士自身のキャリア発達を主眼とした「伝記」から始まっている。

　その次に8つの評論が続く。これらは，彼の職業心理学ならびにキャリア介入（career intervention）に関する発言や行動に対する概念的かつ経験的貢献が多角的に語られている。いずれの論考も，スーパー博士がかつてそれらの内容を富ませ，押し広げ，精巧に作り上げたキャリアの理論と実践を異なった角度から取り上げている。

　最初の3つの論考は，スーパー博士の特性・因子モデルと職業指導の方法に関する異なった構成概念を扱っているが，それらはジトウスキーによる「仕事観」，ベッツによる「自己概念」，そして，ジェプセンによる「主題外挿法」である。

次のまとまりも3つの論考から構成されているが，スーパー博士がかつて職業選択からキャリア発達へとフィールドを移し，また，職業指導を押し広げてキャリアカウンセリングを包含させたことを扱っており，それらは，サビカスによる「キャリア発達の測定」，フィリップとブルーシュタインによる「選択のレディネス」，そしてグッドマンによる「キャリア適応性」となる。

　8つのうち最後の2つの論考は，やはりスーパー博士がかつて仕事のキャリアをいくつもの役割にはめ込み練り上げた意味を（それらはそれぞれの文化が個人の行動に期待する役割だが）扱っている。クックによる「役割特徴」，そしてフアードとアルボナによる「文化的文脈」である。

　これら論考の執筆者たちは，扱ったテーマの今日における重要性やスーパー的概念と実践の未来への展望について論議した。彼らは，スーパー博士が着手したいくつもの事項がいかに画期的であったか，そして，彼の考えがいかに優れていたか，に思いを致した。

　末筆ながら，キャリア教育とカウンセリングにおいてスーパー博士が為したことの現代への応用についても，本書は取り扱ったつもりである。そして，巻末にはスーパー博士の，1939年から1994年までの活動の足跡を示す『文献目録』を掲げて，序文を閉じることにする。

マーク・L・サビカス
（編集長）

〔訳：仙﨑　武〕

伝記

追慕・ドナルド・エドウィン・スーパー博士：
行き先をかぎつけていた探険の一生

マーク・L・サビカス
〔訳：仙﨑　武〕

　ドナルド・エドウィン・スーパーは，1934年から1994年まで60年間にわたり一貫して全米キャリア発達学会の会員であった。20世紀半ばから始まった彼の執筆活動と講演活動は，キャリアカウンセリングを含む職業指導の発展に大きな刺激を与えた。
　この論考は，職業心理学者とキャリアカウンセラーという2つの道を歩んだスーパーという人物について，彼自身のキャリアにおける主要なテーマである人生のステージにおける5つのステージや，彼のリサーチと推論によって提唱した職業的発達課題について，スーパー自身のキャリア発達の観点から物語ることをねらいとするものである。

　1934年の春，オハイオ州クリーブランドで開催された全米職業指導学会（NVGA）の年次総会に，同市のYMCA主事補であり職業斡旋サービスに携わっていた一人の青年カウンセラーが自身の研修のために出席していた。彼は，その集会が知的刺激に富みしかも参加者が同僚同士のような打ち解けた雰囲気であるとわかり，その秋，NVGA（現・全米キャリア発達学会，NCDA）に入会した。以後，彼は1939年と1959年の年次大会には現れなかったが，1992年のボルチモアで開催されたNCDAの大会をも含め，ほとんどすべての大会のすべてか，一部に出席している。
　熱心なNCDA会員であった彼は，1963年のNVGAボストン集会にて「Merit Award」を授与され，その後NVGAの第50代会長（1969年-1970年）を務めたのち，1972年のNVGAシカゴ集会にて「Prominent Career

Award」を授与された。

　NVGAの討論で，彼は，「NVGAの素晴らしさの一つは人間同士の交わりであり，協会における活動が若者，成人，さらに老人たちにとどまらないというところにある。すべての焦点が人間同士の交わりにあるというのは素晴らしいことだ」と語っている。

　ところで，その青年は，1934年の春から1994年6月21日の死の時まで，NCDAの活動的な会員であり続けた。現在，すなわち1994年の秋を迎え，NCDAはドナルド・E・スーパーが60年にわたるNVGA・NCDA両学会の会員であったことを謝し，同氏の職業心理学ならびにキャリアカウンセリングへの貢献に対し，『職業指導からキャリアカウンセリングへ：ドナルド・E・スーパー師への評論集』をもって同氏の栄誉を讃えた。この論考は，スーパー自身のキャリア発達に焦点を絞った伝記から始まる記念論文である。伝記を執筆するにあたり，筆者は，スーパーのキャリア発達の理論モデルにおける5つの人生のステージに光を当てて，スーパーが60年にわたり，調査を重ね確認したうえで明らかにした職業的発達課題で述べられた同じ用語を用いて，彼自身のキャリア・ストーリーを物語ることとしたい。

成長期

　ドナルド・エドウィン・スーパーは，1910年7月10日ハワイ州ホノルルに誕生した。

　両親のポールとマーガレット・ルイーズ（愛称スタンプ）は，共にミズーリ州で生まれそこで成長した。父ポールは，ミズーリ大学を卒業後，同州を離れ人事教育の専門家になり，やがてハワイ州にあるYMCAの総主事として働いた。母スタンプは，生粋のネバダ娘（ミズーリ州ネバダ）で文学修士。ラテン語と代数を教えていたが，やがて分野を変えクリスチャン・サイエンス・モニター紙の特別通信員，そしてサタデー・イブニング・ポスト紙の論説委員を務めつつ，ペンネーム「アン・スー・カードウェル」として執筆した。

1940年代，彼女は，ロシアとのポーランドの外交関係に関する2冊（カードウェル，1944年・1945年）の著書を発表した。また祖父は大学教授として長年古典と現代語を教えた後引退した。以上のようなスーパー家の血筋はある部分，（語学に強いという）スーパーにポーランド語・フランス語・イタリア語・スペイン語・ポルトガル語などからの影響を与えている。

ところで，スーパーは，両親の職業が彼自身のキャリアに強い影響力を与えていると信じていた。つまり著述家としての母，コロンビア大学のE・L・ソーンダイクやウイリアム・ヒアド・キルパトリックのような著名な心理学者・教育学者の同僚でもあった専門職の父の影響力である。やがて，スーパーは高名な2人の学者とも働くことになった。

スーパーは，教養として建築学を，職業的には心理学を専門にすることになるが，その2つは彼の息子の職業にも影響を与えることになる。長男ロバートは，ひっぱりだこの建築写真家に，二男のチャールズは，著名な発達心理学者になっている。

スーパーが小学校に入学したころ，父はホノルルYMCAを離任し，ニューヨークにある全米YMCA同盟に異動した。スーパーと3歳年長の兄ロバートは，両親と共に，ニュージャージー州モンクレアに移住した。そこで，少年たちは，地元の小学校に通った。

スーパーは懐古談として，小学校1年生のときの教師がいかに彼の南部式礼儀作法を批判したかにふれている。40年以上もたってスーパーは，「モンクレア地区教育委員会」（1960年から1966年まで；そのうち1965年から1966年は教育委員長の任にあった）にかかわることになる。また，1970年から3年間，地元の「ユニオン・コングリゲーショナル・チャーチ」の信徒代表を務めた。

探索期

結晶化の課題

　スーパーが12歳のとき，父ポールはポーランドにYMCAを設立，引き続きその指導にあたった（『ポーランド人のポール・スーパーへの賛辞』1949年）。家族も，父と共にワルシャワに移住した。最初の1年間，ポールの2人の息子たちは，個人教師からポーランド語だけでなく学校の授業の個人指導を受けた。しかし，スーパーの兄ロバート・コルトン・スーパーは，なんとワルシャワでの最初の冬に流行性心膜症にかかり亡くなってしまった。スーパーは，父母のもとを離れ，ジュネーブ（スイス）にあるフランス語の寄宿学校「La Chataigneraie」で学校生活を続け，卒業後は予備学校を経てオックスフォード大学に進学した。

　オックスフォード大学のエクセター・カレッジで，スーパーは，哲学・政治学・経済学・歴史を読み漁り，経済学と歴史で賞を得た。1932年に，彼はエクセター・カレッジでの勉学をもとに，『ポーランド―ドイツ外交』と題する小論文を刊行した。その年，彼は，経済学史に関する学士号をオックスフォード大学から得た。4年後，先の小論文によりオックスフォード大学から文学修士の称号が与えられた。

　社会経済史は，このようにしてスーパーの生涯にわたる趣味となった。スーパーの「国家はどのように経済によって育てられるか」についての見識には，このような教育を受けたスーパー理論の片鱗を見て取れるだろう。

特定化の課題

　スーパーがオックスフォード大学を卒業したとき，彼は，すでに職業を選択するうえでの分野・レベルを結晶化させていた。彼は，自分が将来の専門職に就くうえで必要な分野の博士号取得を望んでいたが，では，自分が実際何を専攻すべきかがまだわからなかった。その意味では彼は未決定のまま

だった。

　スーパーが彼自身のキャリアから得た経験の隅から隅までを惜しみなく動員して数千人のカウンセラーや相談者に助言したように，豊かな構想力に満ちた探索は，とくに人がまだ職業選択や進むべき専門分野が未決定かつ決定できないでいる何らかの圧力に直面している場合には，格好の戦略となる。

　スーパーは，自分がほんとうに楽しめる職業分野が何なのか，そのアイデアをより明確にするため，仕事の世界の探索経験を積もうと考えた。

　探索という行動に従事しようと意思決定をしたはいいが，彼にはそのための手段が必要であった。そこでスーパーは，1932年オハイオ州クリーブランドで働き始めた。

　最初の2年間は，YMCAの非常勤主事研修生として職業斡旋部で働くと同時に，フェン・カレッジ（現・クリーブランド州立大学）の非常勤講師として働いた。彼にNVGA入会を勧めたのは，当時のフェン・カレッジの学長C・V・トーマスであった。

　次に，スーパーは，クリーブランドYMCAの職業斡旋部のフルタイムの主事補として1年間働いた。その仕事を通じて多くの専門家たちと知り合ったスーパーは，その人間関係をもとに一つの試みを行った。彼の呼びかけにより学校や役所のカウンセラーたちが集まった。その組織は，後年クリーブランド・カウンセラー協会となったが，彼らはYMCAに集まり職業問題に関するお互いの知識を分け合った。

　彼らは相談室としてスーパーの執務室を使い，YMCA会員でなくとも，また日中来られない来談者に対しても便宜を図った。地域の人たちに対するボランティア相談サービスとして，彼らは週4日，夜間も部屋を開けるため，2人のカウンセラーが一晩おきに詰めていた。スーパー自身はというと，木曜日の夕方そこで働いた。

　グループは彼らの間で「編集プロジェクト」と呼んでいたが，それは彼らが雇用問題の知識を交換し合ったり息抜きのための談話から，有用な情報や機会など知り得たことを編集・整理を行ったからである。スーパー

伝記　追慕・ドナルド・エドウィン・スーパー博士：行き先をかぎつけていた探険の一生

はこの「編集プロジェクト・モデル」を全米青年管理局（National Youth Administration；NYA）の助成制度を利用して地域基盤のカウンセリング・サービスという正規の事業に仕立てるために用いようと考えた。NYAには助成金制度があり交付金が下りたので，スーパーは，弱冠25歳にして「クリーブランド・ガイダンス・サービス」を立ち上げることができた。彼は1年間であったが，この事業のディレクターとなった。組織の諮問会議の委員を委嘱した専門家の中に，コロンビア大学・教育学部指導・応用心理学のハリー・デクスター・キトソン教授も含まれていた。

　スーパーのNVGAにおける最初の発表は，1936年，セントルイスで開催された大会の折であった。発表の内容は，「クリーブランド・ガイダンス・サービス」で行った役所との協力に関する事例発表であった。

　「クリーブランド・ガイダンス・サービス」のディレクターの役割をこなす中で，スーパーは，自分の生涯に何をなすべきかのアイデアが固まっていった。彼がクリーブランドで過ごした4年間（1932年－1936年），彼は系統的かつ組織的に自分の選択肢を探索した。その結果，彼は自分自身の職業的選択の確信を得ることができた。

　スーパーは，まず自分の興味と才能は失業者を助力することにあると結論した。このようにして，彼は，人にかかわる仕事という大まかな選択から雇用問題や失業の経済的問題ではなく，失業（という人生の危機）に立ち向かう個人の能力に関心を移した。当然，仕事の選択や仕事への適応（それらは職業的適合や職業的人格とも関係している）に関する，より困難な研究の道に入ることを決心したのである。

試行化の課題

　この選択を実行するために，スーパーは，彼のこれからずっと続くであろう職業人生を始めるうえで大学院を選ぶ必要があった。職業指導と応用心理学の両方ともに学ぶことのできる大学である。指導と心理学のつながりはスーパー自身が（クリーブランドで）学生たちとそれがもたらす最大の効用

を分かち合ったものであった。「よい目標を抱くよりもっとよい脇道や複数の目標をもつことのほうがよい」とのスーパーの言葉どおり，スーパーは卓越した職業指導の研究者が教えている大学院を選ぶというやり方で大学院選択の枠を絞った。かくして，スーパーは同時に2つの選択を行った。1つはハーバード大学のジョン・M・ブルワー教授の指導を，いま1つは，同じくハーバード大学・教育学部のハリー・デクスター・キトソン教授の指導を受けることであった。それぞれの大学院も当時，職業指導の先駆的な役割を果たしていた。ハーバード大学のプログラムは職業指導を強調していて，どちらかというと心理学を軽視していた。つまり，ブルワーは探索的行動を強調し心理学的テストの使用には反対であった。そのようなことから，スーパーは教育学部のほうを選んだ。なぜなら，そこでなら職業指導・応用心理学，加えて心理測定法をキトソン教授の指導のもとで学べるからであった。

教育学部で博士号を得るという選択を実行するため，スーパーには解決しなければならない問題があった。つまり，実際の問題としての学費の問題であった。4年間のクリーブランドでの生活でスーパーには1年当たり1,325ドルの収入があった。彼は収入の半分を生活費に使い，食費は週当たりわずか5ドルに抑え，残りを大学院進学費用に積み立てていた。しかし不運だったのは銀行に預けたほとんどすべての預金を大恐慌により失ってしまったことである。ただ，幸いなことに，ハーバード大学教育学部は全米から進学してくる学生のために特別奨学金のためのコンペを行っていた。彼は，見事コンペに勝って奨学金給付研究員になることができた。

なんとその給付額は1,200ドルで，もし給付研究員が結婚していれば500ドルが加算されるというものであった。この加算給がスーパーの結婚を可能にしたのである。1936年9月12日，ジョージア州サヴァンナに住んでいた彼の母親の姉妹の隣家の娘であったアン・マーガレット（ペグ）・ベイカーが終生の伴侶となった。スーパーは，YMCA職員年金制度の積み立て金185ドルを引き出し，サヴァンナから新妻を連れて東部にある大学に旅立ったが，これが2人の新婚旅行となった。

伝記　追慕・ドナルド・エドウィン・スーパー博士：行き先をかぎつけていた探険の一生

　大学の教育学部で彼はロバート・L・ソーンダイク（スーパーの父ポールが共に働いたE・L・ソーンダイクの子息）の研究助手として働いた。スーパーの博士論文の指導教授はハリー・デクスター・キトソン教授であった。教授はNVGA研究誌「オキュペーションズ」の編集者として，また，13年間（1937年－1950年）にわたり「ボケーショナル・ガイダンス」誌の編集者でもあった。キトソン教授は彼の教室の学生たちからはオキュペーション誌の編集発行人として知られる著名な人物であり，学生たちは，オキュペーション誌にある「職業指導は個人が職業を選び，その道に入るための準備をし，そして目的を叶え，さらに歩を進める一連のプロセスにおける助力のことである」という言葉を想起した。もっとも，スーパーは，この言葉が好きではなかった。なぜかといえば，彼には最終的な選択への展望がまだ開けていなかったからである。

　1938年，スーパーは，彼が受講していたコースを終えるとともに，学位論文の資料収集の作業を終えた。そして，これがもう1つの選択肢を彼に与えることになった。

　彼は，もう1年ニューヨークにとどまり学位論文を書き上げるべきだったろうか？　あるいは，助教授の地位を追い求めつつ，フルタイムで働きながら論文を執筆すべきであったろうか？

　もし彼がニューヨークにとどまっていたら，彼はたぶん当時隆盛であった心理分析訓練の道にはまっていたかもしれない。恩師であるロバート・ソーンダイクがスーパーに勧めたのは，なんとか大学でのポジションを得て学部学生や大学院生に教えることが，将来に生きるいろいろな選択肢を見いだすことができるということだった。

　いずれにしても，ニューヨークを離れることを決めたスーパーには，ソーンダイク教授の勧めてくれた，より高度な探索を可能にする新しい仕事と出会う必要があった。

　1938年，彼はどちらも大きな心理学部をもつメリーランド大学とオハイオ州立大学から魅力的なオファーを得た。（C・W・スーパーは，彼にとっ

23

て大叔父にあたるが，息子のダニエル・R・スーパーはオハイオ州立大学の学長であった人物である）。

そういう大学からオファーを得ながら，結局スーパーが選んだのは，マサチューセッツ州ウォーセスターのクラーク大学で，彼は心理学担当の助教授になった。

そこで彼は学生部の部長も兼務した。他からの魅力的なオファーがあったにもかかわらず，彼がクラーク大学を選んだのは，恩師E・L・ソーンダイクの推薦があったにしても，彼は自分のいることになる小さな場所が成長し，たとえ小さな場所でも同僚たちを刺激し優秀さの伝統をつくり上げたいという願いに合致したからである。

幸いなことに，彼のポジションは学部学生と大学院生，さらに学生へのカウンセリングまで含め，バランスがとてもよくとれていた。

1939年，クラーク大学での教鞭の傍ら，後に数多くの彼の著作の中で最も彼が気に入っていた著作が出版された。そのアイデアは母校の大学の大学院生のセミナーである講演者が，学生が答えられない質問を発したことに根差していた。

彼は自分だったら自分のストックしているデータから経験的に答えを導き出せることを理解していた。彼のその考えが最初の論文（1939年）「仕事のレベルと職務の満足」としてまとめられた。50年以上も前に書かれた論文でありながら，論考の内容は今日もなお妥当である。

さて，スーパーが大学で勉学にいそしんでいたころ，妻のアン・マーガレットもコロンビア大学医学部（内科部・外科部）に入学した。彼女は，サヴァンナ高校の生徒だったころに高等物理学を履修，同時に細菌学の訓練を受ける同校初の女生徒だった。

しかし不幸なことに，彼女は子ども時代の病気の後遺症から僧帽弁狭窄になっていた。そのため彼女はせっかく入った医学部を退学しなければならなかった。この苦痛に満ちた出来事に引き続き，衝撃の出来事が彼女を見舞った。内科医から子どもは産めるだろうが，無事に育たないだろうという診断

があった。

　その診断を受けた後で，アン・マーガレットは夫に告げた。離婚したい。そうすれば結婚生活に子どもを望んでいるドナルドは再婚して，その願いを叶えることができる，と。

　スーパーにとって家族をもつことはもちろん重要だったが，アン・マーガレットを愛する彼の愛情も，彼のライフ・ヒストリーにとって重要な事実であった。

　結局，アン・マーガレットは夫の説得に負け，彼らは結婚生活をそれからも維持することができた。その後，彼ら夫婦はどうなったか？　彼らは2人の息子を授かった。

　長男ロバートが1942年に，二男チャールズが1944年に誕生した。彼は，生涯を通して，情熱的かつ献身的に家族を愛し続けたが，しかし麗しきその情景を実に巧みに世間の目からは遮ったのである。

確立期

安定化の課題

　クラーク大学での最初の2年間，1940年，スーパーは学位論文を書き上げ教育心理学とガイダンスの博士号を取得した。博士論文を終えた彼には出会いがあった。腰を落ち着けて仕事と地域にかかわるということだった。その分野で専門家としての地位を築くために，スーパーは下位専門領域としてのキャリア発達に関する項目について考え始めた。キャリアの発達に関する構想は，オーストリア人心理学者シャーロッテ・ビューラーと2人のアメリカ人P・E・ダヴィッドソンおよびH・D・アンダーソンの研究に基づくもので，その構想は，ノースカロライナ州チャペルヒル校で行われる，長期にわたるキャリア研究と合わせて考えられた。

　しかし，パールハーバーから始まった太平洋戦争のせいで，この計画は中止された。戦争による影響は自分の分野を安定させようと考えていたスー

パーとて同じだった。1940年，スーパーは執筆を始めた。それは1942年の秋に『職業的適応のダイナミックス』として刊行された。スーパーは，活動的に軍務（原著者注：戦時下の非常時体制の中で学者も動員された）の中でその本のインデックスにある資料収集を行っていた。彼は，オレンジの木箱を台にして，インデックス整理のタイプを打った。彼のその本はクリーブランド・カウンセラー協会の会員とクリーブランド・ガイダンス・サービスのスタッフたちに捧げられた。

スーパーは，軍務の中から所属先として航空部隊（USAAC）を選んだ。フラナガンが彼を招いてある委任分野に応募させたことによるが，スーパーは，それに応じ中尉に任官した（1942年）。スーパーは昇進し1945年の退役時には少佐になっていた。活動的な任務においてスーパーは，キャリア的成功におけるパーソナリティの役割と検査の改良に関するリサーチを指揮した。そして，軍病院での心理学的サービスをも指揮した。

1943年，スーパーはテネシー州ジャクソンにある初級航空学校に学んだ。後に彼は誰かがもしパイロットの分析をすることになったら，彼は自分で飛行訓練を受ける必要があるだろうと強調した。パイロット任務の分析プロジェクトは成功し，パイロットの失敗を50％軽減させることになった。

退官後，スーパーはクラーク大学での修行時代を卒業し，学部学生への授業のない大学院の教授職を望んだ。1945年の秋学期，スーパーは，コロンビア大学の教育学部で教育学の助教授に就任した。そこで彼は，1975年の定年まで勤務した。

スーパーがクラーク大学を最初に訪れたとき，彼はすでに彼の天職に収まっていた。しかしながら，第二次世界大戦は彼のクラーク大学でのポジションを不安定なものにしていた。彼は大学において再安定化させる必要があったし，地域に落ち着くという点でも同様だった。彼は，家族とともに子ども時代を過ごした故郷のニュージャージー州モンクレアの旧宅に居を移した。彼らは，その家に1964年まで住んだ。彼には建築趣味があったということは前述したが，ヨーロッパ城郭風の建物に興味があったので，ストーンブリッ

ジ・ロードにフランス・コロニアル風の家を建てて，その後長い間そこで生活した。スーパーは自分の家の写真を長年，大学の自分のデスクに飾っていた。

　モンクレアに一家が落ち着くのと合わせて，スーパーは勤務先大学における自分のポジションをしっかりと根づかせた。さらに安定化というキャリア発達課題は教育学部における彼のポジションを保たせさらに未来へ広がるものだった。これをなすため，スーパーは，彼自身のめざすべき大きな目標を課した。すなわち，個人の選択と職業指導における心理テストを用いて得たデータに基づいた学術書を刊行するということであった。そのとおりに，彼は『心理学的テストの方法による職業的適応度』を1949年に刊行した。

　この年大学は，スーパーを心理学および教育学担当の教授に昇進させた。

強固化の課題

　教授へのランク上昇に次いで，スーパーは，彼の興味を理論に移した。スーパーは，心理学の応用から人の仕事と職業指導の実践へと努力を集中していた。彼は，その力点を，職業指導には理論が欠けているとのギンズバーグの指摘に促されるかのように，活動の力点を理論へと移した。スーパーの理論へのシフトは，コロンビア大学教授としての彼の地位を強化する彼自身のキャリア発達課題に対する見込みのある取り組みと受け取られた。それゆえ，スーパーは，彼の大きな目標をとりわけ知識の役に立つ調査とキャリア発達理論の著述にふり向けたが，それは，仕事の心理学の応用とは反対の立場と受け取られるものだった。この目標は，2つの重要な成果をあげる結果となった。そして彼を職業指導と応用心理学の面での指導的地位に押し上げた。成果の1つは，古典ともいえる著書『職業生活の心理学』で1957年に刊行，同書はキトソンに献呈された。同書は，終わりにスーパー自身のキャリア文献研究の内容が掲載されていた。また，同書は，彼の『職業的適応のダイナミックス』を下敷きにしており，そこから何章かを省き，また他の章を書き改めている。

2つ目の大きな成果は，スーパーのキャリア理論の探索の到達点から導き出されているが，キャリア理論は「キャリアパターン研究」（Career Pattern Study ; CPS）として知られる古典的調査である。1949年秋，スーパーはキャリアの縦方向の研究を指揮するというアイデアに戻り，CPSの初期研究をまとめた報告書を執筆した。CPSのスタッフたちによるニューヨーク州ミドルタウンでのデータの収集が始まるまで，スーパーの学生たちや同僚たちが研究会や教育学部での集会で，スーパーのサバティカル・イヤー（1951年－1952年）の間もこの報告書に検討を加えた。最初にCPSは自然史を記述するように，成人がどのようにふさわしい教育と職業選択をなすうえでのレディネスを育てたのかということを調べた。CPSは4冊の書物を世に出した。数多くの学術論文や何十もの学位論文も1985年まで賑わした。CPSはいまだに進められていて，例えば，アラン・ベルはパーソナリティとキャリアに焦点を絞って出された事例研究の集約本を出す準備をしている。1953年，スーパーは彼のお気に入りのキャリア発達に関するトピックスを取り上げた論文を出版した。そのタイトルは，『職業的発達の理論』であり，その内容は米国心理学会（APA）カウンセリングガイダンス部門の会長就任講演（1952年）を下敷きにして，『アメリカン・サイコロジスト』から1年後に発刊された。

　さて，スーパーは，キャリア発達に対する彼の理論の概念化を洗練させかつ反映させる実験室としてテストの改良を進めた。CPSから出てきた3つのキャリア検査は，商業ベースで考えても可能だった。最初のものは，仕事の価値検査として発行された。1967年には『キャリア発達目録』（CDI）の初期版が発行されたが，それはスーパーと計画を立てたロジャー・マイアース（コロンビア大学）とフランク・マイナー（IBM社）らによってコンピュータによる指導と評価されたものであった。CPSを利用したキャリア発達目録は，学校や大学でいまでも利用が可能である。3つ目は，CPSから派生したものだが，成人キャリア関心目録（ACCI）であった。ACCIはもともとCPS参加者（36歳）を追跡するために作られた基準測定目録であった。

発展化の課題

　CPSとキャリア心理学の出版によるものか，スーパーの基盤は学界でも評価は高く，国内外への責任あるポジションにも就くようになった。スーパーはAPAの相談心理学部の会長（1949年－1950年）を，相談・指導部会の会長（1951年－1952年）を歴任し，さらに，米国人事・指導学会の人事・指導協議会（APGA：現・米国カウンセリング学会，ACA）のメンバーにもなった。

　スーパーは，APGAの最初のエグゼクティブ・ディレクターにフランク・セイバーを採用した。スーパー自身はAPGAの初期メンバーであった。APGAでは，1期会長として1951年に選任され（1951年－1953年），続いて，2期会長としても選任された（1953年－1954年）。スーパーは，国際フォーラムにおいて彼の仕事を分かち合うことにより，彼のキャリアをさらに前進させることとなった。スーパーは，1950年代になると国際的にも心理学者たちに知られるようになった。フランスの産業心理学者たちが産業生産性向上の使命を帯びてコロンビア大学を訪問したこともあった。この訪問の1つの成果は，ソルボンヌ大学の産業心理学の教授2名からの招待だった。スーパーは，フルブライト基金に応募し翌年渡仏（1958年－1959年：彼自身2度目のサバティカルを利用して時間をつくった）した。スーパーは，彼らとフィールドワーク（郊外型工場における心理学研究）を行うほか，リヨン大学とエクサン・プロヴァンス大学にも訪れた。そこでの成果は後日『フランス心理学紀要』に発表され，また，『La Psychologie des Interet』と題する書物がフランス大学出版から1964年に刊行された。同書は，その後まもなくポーランド語，イタリア語，そして日本語に翻訳出版された。

　少年時代にワルシャワで過ごしたスーパーは，ポーランド語に堪能だった。そんな関係で，彼はフォード財団の招きに応えポーランドに滞在したが，後にもポーランドを何度か訪れ，ワルシャワ大学，ポズナン大学，ウロクロウ大学，そしてクラカウ大学で講演を行った。

　スーパーのキャリア発達モデルの適用に対する幅広い関心は，文化を超え

た広がりをみせ，ヨーロッパのさまざまな分野で多くの心理学者，社会学者，そして教育学者たちとの交流が広がっただけでなく，中部アジア，極東，さらにはアフリカ，南アメリカ，中央アメリカでも同様であった。2つの国際的な協会がこういう交流のためにふさわしい開催地を用意した。例えば，国際教育・職業指導学会（IAEVG）（NCDAはこの組織に国代表のメンバーとして参加）や国際応用心理学会（IAAP）がそれであった。スーパーはIAEVGの会長（1975年－1983年）として貢献したが退任後も名誉会長（1983年-）として終生奉仕した。彼は，1954年以降IAAPの会員であったが，翌1955年からは，文字どおりの活動的会員であった。スーパーは，何年も理事会の委員として2人の会長の下で多くの諮問に応えた。IAAPは，1986年エルサレム会議において「傑出した貢献への感謝状」を贈り，1994年のマドリッド委員会で「特別記念賞」を贈った。

維持期

保存，更新，そして革新

　1961年，スーパーは満50歳になった。彼はすでにコロンビア大学において安定した地位にあったが，とくに彼の著書『職業的適応のダイナミックス』をはじめとしてそれを総合した画期的な『職業生活の心理学』，そして，なんといってもCPSが彼の地位を支えた。さらに，彼は国内的にも国際的にも自分の専門領域の高みに前進した。スーパーは，自分が「持続（維持）」の段階に進んだことを自覚した。彼は，ジョン・クライツと『職業的適応・改訂版』(1962年)を出版したが，実は，彼はすでに1942年の改訂版(1957年)を出していた。彼は，これにも改訂の手を加えることを考えていたのだ。このように，彼は自分の専門領域における変化に順応したのである。彼は，新鮮なアイデアをCPSにもち込むことによって，新しい発達理論について考えるようになった。

　それにもかかわらず，彼はこれまでの生き方を書き換える局面に入って

行った。そして，将来の方向性を問うとともに彼の後半のキャリアを，これまでの業績を保存するとか更新するとかに費やすことはしないという固い信念をもちながら，問いかける段階が立ち現れてきた。彼は，次の点で一人の探索者であった。強い好奇心と研究の新しい道筋を公にすることに楽しみを見いだすという点である。

　スーパーは，学生や同僚たちと彼の探索を分かち合う興奮を楽しんだ。そのようにして，彼は，自分のゴールを再編し，革新することを通してもう一度新しい土壌に鍬入れしようと決意した。結果として，働くということの新しい問題点を確認しようとの彼の決意によって，職業的行動を理解するために，自己概念理論の妥当性を検証し，キャリア理論をより豊かな実りあるものにした。1963年，スーパーは，キャリア自己概念理論に関する影響力のある研究論文を発表した。

下降期

減速期における課題

　スーパー博士は，1975年，65歳でコロンビア大学を退職した。退職前の1965年から1974年の間には同大学の心理教育学部長を務め，そのうちの5年間（1970年‐1974年）は，心理教育学部の心理学科長を兼務した。退職後から亡くなった1994年までは，同大学の名誉教授職にあった。

　退職に伴い，彼の同僚たちは，これまでの彼が果たしてきた職業心理学とキャリア指導の分野での多大なる貢献に対し，数々の栄誉をもって報いた。1985年にコロンビア大学は「同窓生特別功労賞」を，1990年には「教育功労者章」としてのメダルを授与した。ほかにも，APAは，2つの賞，すなわち，同学会臨床心理部からの「レオナ・タイラー賞」（1980年），心理学の現場への適用に対してAPA特別賞（1983年）を授与している。さらに，リスボン大学（1982年），オックスフォード大学（1985年），ケベックのシャーブルック大学（1989年）から，それぞれ「名誉博士号」を授与された。

大学退職後の博士は，研究の量とスピードをこれまでよりも減少させなければならないと感じ始めた。減少させていくためには，ルーティーンワークを減らして，創造的な仕事に仕事を絞ることである。博士がとった手段は，英国への移住（1976年－1979年）だった。かつてオックスフォード大学に学部生として在籍したことが縁となり，行動科学の大学院をもつケンブリッジ大学のウォルフソン・カレッジから特別研究員として招聘を受けた。また，アンソニー・ワッツ教授が新設した「全国キャリア教育とカウンセリング研究所」からは，名誉部長兼上級特別研究員として招聘を受けた。ケンブリッジに住まいを定めた博士は，そこを拠点として活動し，パリのルネ・デカルト大学心理学研究所から客員教授の招聘を受けた。活動の経費は，英国のレバーヒューム（Leverhulme）財団に賄われた。英国における彼の活動の主眼は，英国固有のキャリア教育理論を構築することにあり，その成果は，1981年，ワッツ教授およびキッド教授との共著として発表された。また，適応性（adaptability）と名づけられた斬新なキャリア概念の提唱として結実した。

　スーパー博士の2度目の退任は，1979年，米国に帰国することによって実現された。しかし，そのことは自分の愛する仕事からの撤退ではないと，博士は固く信じていた。博士が選択したのは，引退生活に入ることではなく，仕事量を漸減させていくことだった。すなわち，減速の時期に入ったのである。抱えていた仕事を少しずつ後輩たちに引き渡していき，自分の仕事の範囲を限定していくことにあった。その手始めとして，彼はフロリダ州，ジョージア州，ノースカロライナ州の大学にポストを得ることによって，後輩たちとの共同研究を行う見返りとして，これらの大学の施設を利用する利便を手に入れた。帰国後の博士が，1983年妻とともにジョージア州サヴァンナに新居を構えたのは，そこが，これらの大学と比較的近い距離にあったためでもあった。

　サヴァンナでの新生活は，博士に学問以外のことに時間を割く余裕をもたらしてくれた。すなわち，建築への嗜好である。1983年，博士は名建築と

して知られたストーンブリッジ・ロード邸の平面図を手に入れ，それをもとにして，サヴァンナのダッチ島に自分と妻ペッグのための新居を建設した。新居の1階は，いくつかの改良を加えたほかは，ストーンブリッジ・ロード邸そのままであった。この「新築」は，かつてモンクレアで享受していた生活慣習と嗜好とをそっくりそのままサヴァンナに移動することを意味していた。ダッチ島の沼地に建てられた新居の窓からは，入り江や沼地ばかりでなく，4分の3マイル離れた所にある大水路（Intracostal Waterway）を見渡すことができた。1932年以来，スーパー博士夫妻にとって，サヴァンナは「終の棲家」となった。1983年にはこの地に親類縁者や友人たちを招き，彼らと旧交を温めることを喜びとした。博士が愛唱する作家スティーヴン・ヴァンサン・ベネーの一句「ここが私のジョージアだ。松林と川の流れ，そしてうっとりするようなこの空気」を，ひんぱんに口ずさんだ。

　博士は，この地での生活を，学問上の仕事に週4～5日，1日に3時間ずつの2回だけと定め，そのとおり実行した。仕事上のテーマは3つに限定したが，その第一は，1983年から87年まで非常勤講師を務めたフロリダ大学でのWork Importance Study（WIS）研究の指揮を取ることであり，これは全米WIS研究統括責任者のドロシー・ネヴィル教授との共同研究となった。博士がWISの構想を固めたのは，1978年，ケンブリッジ大学の特別研究員だったときのことであり，研究目的は，職業・学習・家事・余暇活動・地域活動間の相互関係を明らかにすることにあった。最初はケンブリッジ大学時代に始まった研究活動だったが，やがて12か国にまたがる共同研究者たちの活動へと発展した。WISが果たした顕著な研究活動成果としては，価値尺度（values scale），役割特徴目録（salience inventory）があるが，双方とも博士と，ドロシー・ネヴィル教授との共著（1986年）である。また，29章からなる『役割，価値，キャリア』（Life Roles, Values, and Career: International Findings of the Work Importance Study.）があり，こちらは，ザグレブ大学のブラニミール・スヴェルコ教授との共著である（1995年春に出版が予定されている）。また，APAの心理学国際委員会は，1992年に

ワシントンで開催された創立百周年記念大会における WIS に関するシンポジウムの議長を，博士に依頼した。APA に提出した博士の最後の研究報告は「人生の役割の相対的価値について：国際比較」と題するものであったが，そこには，博士の生涯にわたる関心事，すなわち，役割・キャリア・価値に関する国際比較が如実に表れていた。

　WIS を主宰していた期間に，博士は Career-Development Assessment and Counseling (C-DAC) のための画期的モデルの作成に腐心していた。このモデルは，career maturity（CDI および ACCI），職業・人生上の役割目録（salient inventory），人生と職業において追求される価値目録（values inventory）を取り入れることによって，評価とカウンセリングをより効果的に行おうとするものであった。博士は，主としてジョージア大学を拠点として C-DAC プロジェクト活動を行った。1985 年から 1993 年の間，博士は同大学臨床心理学科の顧問を務めた。また，教育学の特別客員教授を務めたノース・カロライナ大学（1990-91 年は専任教授）においては，多数の後輩たちと共同研究を行った。博士が最初に C-DAC モデルを提唱したのは，1983 年にある学術誌に寄稿した論文の中においてであった。翌年，このモデルの全体像を，共著者の一人として専門書に掲載し，その後，ジョージア大学およびノース・カロライナ大学の同僚たちとの共著において十分に展開してみせた。C-DAC に関する博士の研究は，事例研究を中心としたもので，爾来，この方法は米国カウンセリング学会における伝統的手法となった。同学会は，毎回 400 名以上の熱心な聴講者を集めるのが通例となった。この学会における博士の最後の報告は，1993 年ボルティモアで開催された学会におけるもので，テーマは C-DAC モデルに関するものであった。これは，博士が最初に全米職業指導学会（NVGA）で「case conference model」に関する研究発表をしてから 56 年後のことだった。この問題に関する博士の関心が，いかに長期間にわたって持続されていたかは，このことからもわかるであろう。

　WIS と C-DAC に続く第三のプロジェクトは，CPS 活動の継続であった。

この活動は，ジョージア州サヴァンナの州立アームストロング大学を拠点としてなされたもので，1985年から1993年までの期間，博士は同大学の心理学部における常勤上級顧問を務めた。この間，博士が精力を注いだのは，労働価値（work values）に関する研究であった。博士が価値尺度（values scale）の作成に成功したことは，資格・価値・関心間の相互関係研究への，かねてからの熱意を，あらためて燃え上がらせることになった。この領域への博士の関心は，かつては1949年に刊行した著書において展開され，後には，1970年に刊行されたマーティン・ボーン教授との共著によって深められたのであるが，1973年に刊行された著書中の一章において，いっそう深く追求された。1987年にニューヨークで開催されたAPA総会でのシンポジウムを皮切りに，博士は州立アームストロング大学のジョゼフ・レーン教授や，ジョージア大学のジョン・ダグレー教授，およびゲーリー・ラウテンシュラーガー教授との共同研究を行った。この共同研究は，やがてオーストラリアのジャン・ローキン教授や，ベルギーのリタ・クリース教授およびポール・コエジャー教授，さらにはカナダのドナルド・マクナブ教授，ジョージ・フィッツシモンズ教授，バーナード・テトロ教授，ポルトガルのホセ・フェレイラ＝マルケス教授との共同研究へと発展していった。これら数々の共同研究の成果は，1990年に京都で開催された第22回国際応用心理学会での「個性の領域としての資格・価値・関心を明確に意識することの必要性について」と題するシンポジウムにおいて，一つの頂点に達したと言うことができるだろう。

　さらに，州立アームストロング大学において，グレース・マーティン教授の助力のもとに，博士は，CDIと職業価値目録（work values inventory：WVI）の改訂作業に取りかかった。さらには，学生のためのキャリア関心目録（Student Career Concerns Inventory）の作成作業に取りかかった。さらに博士は，1988年のベル教授とダン教授との共同執筆による論文にみられるように，理論面の追究を一層深めた。また，CPSの例証を取り扱ったアラン・ベル教授との共著を手始めとして，諸々のキャリア理論が特定の

方向に集中されようとする傾向についての考察を深めていった。その手始めに,「キャリア理論の収束化」(Convergence in Career Theory) に関する学会を,1992年4月にミシガン州立大学で開催した。この学会における博士の提言は,博士が同僚に向けて単独で行った公式提言の最後のものとなった。幸いなことに,この提言は,同学会のビデオテープに保存されていて,カウンセリングという専門が形成されていった過程の一部に直接触れることができる。これを見れば,博士のように,常に将来に視線を向けていた学究の徒から,後学の私共が学ぶべきことを直接摂取することができる。すなわち,科学において求められる統一的な理論形成への要請から,キャリア理論が何を学び取ることができるかを,常に前を見つめて考え続けていこうということである。

　博士と同年配の研究者たちが,そろそろ引退し始めた時期にさしかかったにもかかわらず,ひとり博士のみは,WIS, C-DAC, CPS の活動にいそしんでいた。ジョン・ホランド教授は,これを評して,1992年に,この時期の博士の創造力が,「ますます旺盛になるとは,博士自身の下降期の理論に反しているではないか」と,ユーモアたっぷりに評している。博士のことを常日ごろ「並み外れた思索者」と評していたボーゲン教授は,1991年に博士の2つの論文を評して,これらは,1971年から1987年の間に発表された職業心理学に関する論文の中のベスト25に入るものだ,と高く評価している。中でも,博士が68歳および70歳という高齢の時期に著したいくつかの論文は,「この分野における最先端を行くものだ」と絶賛している。とくに1980年の「役割特徴」および「ライフ・キャリア・レインボー」に関する論文は,博士の数多くの著作の中でも,再版が切望されているものだと,ボーゲン教授は述べている。

　スーパー博士がその後年期になした仕事の中で,最も魅力的かつ有効なアイデアの成果が『虹のモデル』だということに異論を唱える人はいないであろう。キャリアをその人の人生に適合させることによって,職業生活の中で自己のイメージを形成するという基本的作業に止まらず,それを超えたもの

を形成するのが,『虹のモデル』の機能である。『虹のモデル』は,博士の晩年において初めて着想されたものではなかった。博士自身の成熟期において達成された情熱の中に,この『虹のモデル』の萌芽はすでに見て取れるのである。役割特徴（role salience）という着想は,すでに1970年代後半において博士の中に浸透しつつあったと考えることができる。しかし,博士が,それに具体的な形を与えるまでには,なみなみならぬ努力が必要だった。いまや博士は減速期を迎え,職業生活から引退した。2人の息子たちは,それぞれ自分たちの職業生活において一家をなした。さらに孫たちは,博士の生の一部であるばかりか,博士自身の自己イメージでもあった。この期の博士にみられる叡智と家長としての責任感は,理論形成家としての博士に,さらなる人生の豊穣なる収穫を求めようとする幸せをもたらしてくれた。もとよりそれは,学問研究に没頭していた壮年期において,すでに博士の心に兆していたものではあったが,学問的著作と,公の場での討論に明け暮れていた博士にとって,多くの時間を割く余裕のもてない課題でもあった。『虹のモデル』とは,ある意味において,前半生において獲得し頭の中に描いてきたものであり,残りの人生において理論的完成をなしとげるべく,博士に課された課題でもあった。『虹のモデル』を研究した学者たちは,そのモデルの背後に提唱者であるスーパー博士の,献身的な息子,愛情あふれる夫,慈しみ深い父親,創造力にあふれた学者,聴衆を惹きつけてやまない講演者,献身的な軍人ならびに市民,貪欲な「ご隠居」,生産的な年金生活者,誇り高き祖父,そしてなによりも世界に生きる人間の存在を認めたのである。

引退生活計画の課題

　1989年11月6日,博士と53年間の生活を共にした夫人のアン・マーガレットが亡くなった。彼女のことを,博士は愛情を込めて終生「ミス・ペッグ」と呼んでいた。愛する妻であり,旅の道連れであり,子に対しては親であり,学究生活においても良き伴侶だった。夫人の逝去により,博士は「1人で生きることを学ぶ」という困難な課題に直面したが,持ち前の楽天的性格と,

何事も計画的に実行するという習性と，前向きに進む行動力とによって，この苦難を切り抜けた。いまや引退生活のための計画作りが，博士の重大な課題となった。予期せぬ一人暮らしから来た予定変更のために，家族や友人たちと話し合いをもった。そして，その期間にする仕事を決定した。

1992年夏，博士は，ベルギーのゲントで開催された「国際応用心理学会」のキャリア心理学部会に参加した。ベルギーへの往復の間に，博士は父祖の地であるスコットランドを訪れた。ところが，空港で足を滑らせて転倒し，思わぬ災難に遭遇した。治療期間は予想外に長引いたが，博士は自分が計画した研究の継続を放棄することはなかった。引退後の活動計画は，計画どおり遂行された。博士は心を強くもち，退潮期の中でも最終段階にあたる引退生活での課題と取り組んでいった。その中の1つは，生涯における自分自身の生活を回顧することであった。

引退生活における課題

1992年以後の引退期において，博士の生活は主として余暇を楽しむことに集中された。とは言いながら，後輩の学者たちがもち込んでくる相談事には喜んで応じた。後輩たちは，理論上のことや研究活動上のことで，博士に助言を求めにやって来たのである。博士はまた，長年の同僚たちとともに，学生のためのキャリア関心目録（student career concerns inventory）の作成作業を継続して行った。

また，CPSのケーススタディに基づいた研究をアラン・ベル教授と共同で発表した。だが，1994年6月21日，病いの床に就いた博士は，ついに還らぬ人となった。

キャリアのテーマ

彼が心理学者としてのまっすぐでないキャリアを歩んだ途中のすべてで，スーパーは活動をまるで遊びのように追求した。彼は活動を最も深いところ

まで掘り下げ，その対価としての見返りは，その知的好奇心を満足させる諸活動，人々を助けたいとする彼の欲求の充足，創造し変革しようとの必要感の充足，そして国内外の同学の士たち，また世代を超えて共に働く機会の提供にあった。スーパーのより影響力のある論文の1つは，テーマ（主題）の構築であった。スーパーは，彼自身のキャリア探索のメインテーマをこう述べた。すなわち，それが彼自身の個人的な発達課題に基づくにしても彼の探索行動，とくに計画的探索とそれに続く自分自身への回答と選択行動が有用であった。心理学者として彼は，より多くの人にとって使用可能な探索の戦略を明らかにしたいと考えた。スーパーの人生に対する探索の態度は，彼自身がリスクを負う勇気によって支えられていた。彼は，そのキャリアを通じて絶えず同僚たちに理由のあるリスクを負うよう勇気づけた。それだけでなく，彼は，ぐらつくことなく，学生や相談を求める人々に彼自身の助言や指示に従うのではなく，自分自身のアイデアを探索するよう言い続けた。

　スーパーのキャリアにおける第二のテーマは，計画にかかわることであった。彼の探索は決して行き当たりばったりではなく，行動は合理的な計画に基づきさらに遠くまで推し進めることになった。スーパーは，米国の文化が包含している未来志向の時代の展望を体現した。彼は，上手に物事に対処するやり方は，課題に備え面と向かっていけばなんとかなると信じていた。事実，彼は「豊かな構想力」（plan-ful）という造語をつくったが，その言葉は，計画または豊かな計画をもち合わせた態度という意味では，まだ辞書には載っていない。彼はかつて簡潔な自己概念，自分は前衛的な計画者だとその意味を述べた。

　スーパーの計画と探索に対する個人的かかわりは，彼の職業的キャリアを構造化したものである。それはたまたまではなく，まるでスーパー自身のようにCDIが計画性に満ち問いかけする人間の態度とみなすものである。スーパーは，物事を深く考える人であり系統的な営為により経済学，文化人類学，児童発達学，職業心理学といった異なる分野を渉猟し，職業的行動に影響を与えるさまざまな力を認識し探索した。

それらの知的な諸分野にそれほど長くはなくても，費やした時間は，彼に新しい構成概念と部分を取り入れさせ彼の理論構築の計画に役立った。結果的に理論的体系は，キャリアの包括理論構築に必要な重要な部分が合わさって見事な交響性をもつに至った。
　スーパーは，きっちりまとめられた包括理論ではなく，理論を前に進めようと探索し理論構成の枠組みを広げた。多くの学者は，スーパーのこの道での偉大な業績は，職業心理学の焦点を労働（オキュペーション）を扱った「職業心理学からキャリアの心理学へ」と変えたことだと述べている。そのようにして，彼は，発達と適応を扱ったキャリアカウンセリングの見方を能力と興味における個人差に関する職業指導の展望とブレンドさせた。さらに，彼は，研究者たちに行動科学において，キャリアがパーソナリティと人間性の発達を研究するうえで実り豊かなフォーカスを提供することを示した。これらの業績にもかかわらず，私は，スーパーの最も偉大な功績は，一人の探索者であり，先駆者であったことであると信じている。彼は，他の探索者たちが現代の職業心理学に理論を立てることを試みる際，どう道筋を定めるかの地図を提供してくれているからである。スーパーは，いかにも外国語に堪能だった人らしく，くだけた調子で自分の書簡をラテン語で締めくくった。彼の友人や学生たち，そして同僚たちは，まるで1つの流儀のように文書を閉じるのである。
ドナルド・エドウィン・スーパー──ファマ・セムパー万歳！

伝記　追慕・ドナルド・エドウィン・スーパー博士：行き先をかぎつけていた探険の一生

スーパー博士（1994年9月刊 *The Career development Quarterly* より）

スーパー博士，15歳（1925年ワルシャワにて）

スーパー博士とアン・マーガレット夫人（1982年10月，フランス・バーガンディーでの遊覧船ツアー）

スーパー博士（1990年ジョージア州サヴァンナにて）

ガイダンス・カウンセリングにおける D・E・スーパーの意義

●東京成徳大学名誉教授　國分康孝

　2013年のいま，カウンセリング心理学を支えとする，ガイダンスカウンセリングという教育方法が興隆しつつある。わが国では，臨床心理学とカウンセリング心理学の識別が曖昧である。私は，そのことに警鐘を鳴らしたい。

　D・E・スーパーは，1950年代，臨床心理学に対当できるカウンセリング心理学を立ち上げた先駆者の1人である。日本では，その知的勇気に見習って，ガイダンスカウンセリング運動に加盟している9団体が，「治すカウンセリング」に対照する「育てるカウンセリング」を提唱している。

　「育てるカウンセリング」の各論には，構成的グループエンカウンター，ソーシャルスキルトレーニング，サイコエジュケーション，キャリア教育などが含まれる。これらには，治す，育てるという2つの概念を識別する機能がある。

　キャリアガイダンスのうち，とくにスーパーの理論は，その機能が豊かである。その理由は2つある。1つは，人が育つとは何かを説明していること。すなわち，人は役割（キャリア）を介して成長する。その結果，次のキャリアへ移るし，レディネスもできる。ほかは，伝統的なカウンセリング（フロイト，ロジャーズ）はpersonalな体験が人を育てるというフレームを主としているのに対し，スーパーは，役割体験，すなわちsocialな体験を重視したことである。役割は，社会・文化的所産であるから，カウンセリングの学問的基盤を心理学にとどめないという提唱にもなっている。

　最後に，エピソードを1つ。私たち夫婦は，米国心理学会（APA）主催「スーパーを偲ぶシンポジウム」に出席した。そのとき，シンポジストの1人が，泣きながら述べた。"Super was my mentor（師匠）"と。まさに，スーパーは，斯界における不世出の碩学であったばかりでなく，その薫陶を受けた門弟の誰もが敬うすぐれた教育者であった，といえる。

評論

第1章　職業理論へのスーパーの貢献：仕事観

第2章　キャリア発達とカウンセリングにおける自己概念理論

第3章　主題外挿法：キャリアカウンセリングとキャリアパターンの統合

第4章　キャリア発達を測定する：現状と将来の行方

第5章　進路選択のレディネス：プランニング，探索，意思決定

第6章　成人のキャリア適応性：いま，必要とされる構成概念

第7章　役割特徴と多重役割：ジェンダーの視点から

第8章　文化的な文脈におけるキャリア

1 職業理論へのスーパーの貢献：仕事観

▶▶▶▶▶▶▶▶▶▶▶▶▶▶▶▶ ドナルド・ジトウスキー
〔訳：野淵龍雄〕

　本章では，仕事のどの側面を重視するかという意味での仕事観をキャリア発達と職業理論に導入する際のドナルド・E・スーパーの影響を明らかにする。ここでは，仕事観の概念，種類，評価を取り上げる。この仕事観と他の情動面との関係をよく示しているスーパーの「オニオン・モデル」についても検討する。最後に，仕事観が個人のキャリア発達に及ぼす影響を扱った研究成果を展望する。

　これまでは，個人の「能力」と「興味」がキャリア選択に影響を及ぼす重要な要素であるということが，職業理論の当初から自明の理とされてきた。最近では，キャリア教育プログラム上はまだそれ程ではないが，職業適応理論上にはっきりみるように「仕事観」が第三の要素として職業理論に組み込まれ始めてきた。そして，この仕事観の概念を現代のキャリア発達理論に導入するうえで，スーパーは中心的役割を果たしてきたのである。

問題の発端

　ホポックとスーパーは，職務満足に関する文献をレビューする中で，職務満足は，一般的に，収入，勤務時間，昇進，同僚を援助する機会，独立心，仕事の多様性，人事管理の方針，など仕事の特殊な側面への満足と関連づけて論じられる傾向があると述べている。
　同様の趣旨はスーパーが監修者になっているギンズバーグ・ギンズバーグ・

アクセルラッド&ハーマーらの若者のキャリア発達に関する研究の中でも展開されている。彼らはここで,「若者の価値のシェーマの違いは,若者が仕事に何を期待しているか,仕事からどんな満足を得ようとしているか,といった若者の仕事上の満足感の違いを予測する」と述べている。スーパーは,彼の著書『職業生活の心理学』の中でも職務満足に関するこの同じテーマを追究しているが,このとき使用した職務満足を惹起させる仕事の特殊な側面に係る用語は,彼とホポックの共著論文で使用した用語と基本的に同じものであった。しかし,その後はキャリアパターン研究(Career Pattern Study；CPS)にみるように,職務満足を惹起させるとともにキャリアパターンに影響を及ぼす要因として「仕事観」という概念を導入するなど,むしろ,「価値観」を重視するようになった。かくして,「仕事観」は,個人のキャリア発達を評価する観点として,「能力」や「興味」と同じくらい重要な個人差の要素とみなされるに至ったのである。

　キャリア発達に関する研究において,この仕事観の評価法が最初に公にされたのはCPSで使用された職業価値目録(WVI)であった。その後,被験者である第8学年生が仕事観にかかる質問項目(アイテム)の意味を正しく理解できるように,彼らにインタビューをしたりエッセイを書かせたりして質問紙を改訂しているが,最終的には,以下のような15の仕事観について一対比較法を用い,全体で210の質問項目からなる質問紙を作成している。なお,その後,仕事観の各項目はリッカート尺度評価法による検定にかけられた結果,信頼性が高いことが証明されたため,この仕事観評価法は職業研究者や職業カウンセラーが活用できるように質問紙の形で公刊されることになった。

　15の仕事観：愛他主義,審美的活動,創造性,知的な刺激,独立心,達成感,威信,管理能力(マネジメント),経済的報酬,安定性,職場環境,人事管理,同僚,仕事の多様性,生き方

なお，その後開発された仕事観評価法のうち，顕著なものとして，ミネソタ重要性検査（Minnesota Importance Questionnaire；MIQ），職業属性興味検査（Work Aspect Preference Scale；WAPS），SIGI-PLUS，DISCOVER，ASVABキャリア探索プログラム等をあげることができる。

　スーパーとネヴィルは，仕事観にもう少し一般的な価値観をいくつか加える形で価値尺度（Values Scale；VS）という評価法を開発している。そして，VSがスーパーの仕事の重要度に関する国際的な比較研究（WIS）の中で使われたことを契機にして，VSは次第に各国で翻訳され，職業行動に関する異文化間研究に活用された。WISの研究成果は，Jossey-Bass社から近刊予定の，スーパーとユーゴスラヴィアの彼の同僚，スヴェルコとの共著，*Life Roles, Values, and Careers in International Perspective* に詳しい。

仕事観とは何か：その概念

　仕事観とは何か，その概念の内容は人によって捉え方に違いがみられる。スーパーは，職務満足を惹起させる要因となる仕事の側面について初めて言及しているが，ここに出てくるWVIでは，この仕事の側面を，「仕事の内容面」「仕事が生活に及ぼす影響面」「仕事から得られるものの面」として記述している。一方，デーヴィスとロフキストのMIQでは，職務満足を惹起させる仕事の要因についてはスーパーと類似の名称をあてているものの，仕事観を，仕事から得られる強化子に対応する「ニーズ」であると捉えている。また，プライアーは，その意味をより正確に規定できるとして，仕事観を「仕事上の好み」と理解することを提唱している。

　いずれにせよ，仕事観は，仕事のどの側面に重きを置くかという価値観として捉えられていたことからわかるように，この概念は，普通，「仕事に惹きつけるもの」という肯定的なニュアンスをもって語られてきたといえよう。しかし，世の中には，例えば死体香詰めとか病院のある種の補助業務のように，嫌悪すべきとは言わないまでも，魅力的でない仕事があることは容易に

想像できる。また，人は，ここに例としてあげた仕事はとても魅力的とは思わないかもしれないが，実際にその仕事に従事している人は別にそのような感情をもたず，中立的な態度でいるかもしれない。さらに，仕事の中には，それに従事している人自体が両極端の態度を示すものもある。消防士やレーシングカー・ドライバーといった危険やリスクの伴う仕事がその例であり，これらの仕事に魅力を感じる人もいれば嫌悪感をもつ人もいるのである。

仕事観の種類（分類学）

　ジトウスキーは，人々の価値観を生み出す素となる仕事の側面はいくつあるかという仕事観の種類に関する問題を提起したが，はっきりしていることは，仕事の側面として認知できるものの数だけあるということであろう。よく使われているいくつかの測定法の場合，その数は10から20である。例えば，WAPS は 13，WVI は 15 である。一方，VS は 21，DISCOVER は，「収入」や「プロジェクトを組むこと」「顧客との接触」といったユニークな枠組みを多く取り入れているためか，その数は 30 に上る。SIGI-PLUS は 16 であるが，仕事観に関する実証的研究に基づいて選ばれているだけに信頼性が高い。ASVAB キャリア探索プログラムの場合は 13 であるが，やはり，いくつかの評価法を比較検討した結果に基づいているだけに利用価値が高い。

　他の研究であるが，類似しているものを一まとめにして仕事観を分類することも行われている。例えばギンズバーグらは，仕事観を，「内発的なもの」（愛他主義等，仕事自体に固有なもの），「外発的なもの」（高収入等，仕事の結果として得られるもの），「付随的なもの」（同僚等，職場環境から付随的に得られるもの），と3分しているし，SIGI-PLUS は，仕事観を，高収入等，「職業的なもの」と配置換え等，「職務的なもの」の2組に分類している。

情動面に占める価値観の位置

ここに，仕事観という価値観は他の情動面とどのように関係しているかという重要な問題が存在する。このことについてスーパーは，ニーズ，価値観，興味，特性，態度はヒエラルヒーを構成しているという考えを示した。彼はここで，ニーズは，個別の活動や対象から距離があるものとして，しかしながらその人の人格構造を理解するうえで根本的なものであるとして，これをヒエラルヒーの「コア」としたのである。これが職業への動機づけに関するスーパーの「オニオン・モデル」の原型となった[*1]。

実際，このスーパーの見解を裏づける証拠は限定的なものである。例えば，マクナブとフィッツシモンズは，MIQ（主としてニーズを測定する），WVIとVS（共に，主として価値観を測定する），WAPS（主として好みを測定する）の各「測定法」が使用している「尺度」(scales：愛他主義，安定性，威信等，仕事の各側面から成る）間の関係を「マトリックス法」によって検定したところ，「ニーズ」「価値観」「好み」間には意味上の差がないことを見いだしている。ただ，ダグレー・スーパー＆ラウテンシュラーガーらは，別の4つの興味検査とVSを用いて同様の方法で尺度間の関係を調べた結果，「興味」と「価値観」は別個のものであると結論づけている。

また別に，各測定法が使用している尺度について因子分析を行い，「二次因子」（因子の因子分析による）を抽出しようとする動きもみられたが，結果的には，スーパーがいう「ニーズ」の内容に近いものが抽出されているように思われる。例えば，ラウンズらは，MIQの尺度を分析して以下のような6つの「二次因子」（彼らはこれを「価値観」と名づけたが，不幸にしてここにも用語法上の混乱がみられる）を抽出している。それらは，達成感，

訳者注*1：ヒエラルヒーの形状を，球状をしており，中央に核があり，その周囲が幾層もの膜で被われている玉葱にたとえたのである。なお，ニーズは，これだけでは個人の教育上，職業上の行動を予測することはむずかしいから，ニーズと他の情動面との機能上の関係を明確にする必要があったが，この点，ここでは必ずしも明らかにされてはいない。

快適さ，地位，愛他主義，安全性，自律性である。ボルトンも，WVI 性，責任と自律性，居心地の良さ，審美的充足感，という4つの二次因子について同様の分析を行い，刺激的な仕事，対人関係上の満足，経済的安定を取り出したが，これらの中にはラウンズらが抽出した因子と重なるものがみられる。さらに，プライアーは，彼自身が作成したWAPSの尺度を因子分析にかけたが，仕事外のことへの志向性，対人関係への関心，自由，というわずか3つの二次因子を抽出したにすぎない。プライアーは，先に，WAPSで用いた尺度を樹木状に階層化したうえで，各階層間のクラスター分析を行ったが，その結果は，その後実施されたさまざまな因子分析の結果とおよそ一致したものとなっている。

　以上のことから，理論的に魅力的なスーパーの「オニオン・モデル」もいまのところ実証的裏づけに乏しいと言わざるをえない[*2]。

評価法の問題

　個人の仕事観をどのような方法によって評価するかということについては研究者の間で意見の一致をみていないが，現時点では少なくとも次の4つの方法の存在が確認できる。それらは，「自己報告法」「一対比較法」「評定尺度法」および「レパートリー・グリッド法」である。以下，各評価法についてその特色を簡潔に述べていく。

自己報告法

　これは，被験者に注意深く定義づけられた仕事観リストの中から「最も重要な」ものを選択させるという方法である。ASVABではこれを4つ選択させているが，SIGI-PLUSは，まず，被験者に重要さの観点から仕事観に順

訳者注＊2：ここでいう職業研究がやや仕事観研究に偏っていたこと，また，ニーズ，価値観，興味等間の異同やそれらの間の機能関係なども十分に解明されてこなかったことによる。

位をつけさせ，次に，その中から「必須のもの」を選択させるという方法を採用している。

一対比較法

これは，CPSで使用されたWVIやMIQの下位検査で採用されたもので，各仕事観を他の仕事観と一対にして，被験者にその一対になったものの中からいずれか好ましいほうを選択させるという方法である。ところが，このやり方は煩雑であり，被験者にかなり負担を掛けるものであった。そこで，その後改訂されたMIQでは，5つの仕事観ずつ1組にして，この組間を比較できるようにしたうえで，被験者には「組」に順位をつけさせるという方法をとっている。ただ，こういう方法は個人の価値構造を順位という観点から相対的にみることはできるが，最上位に位置づけられた仕事観も相対的なものにすぎないので，それがその個人にとってどれだけ絶対的なものであるかを把握することは困難であるという見方もある。確かに，この「順位法」という評価法に対しては，「イプサティブ」であるとしてこれを批判する向きもあるが，価値観を順位法によって評価する方法を積極的に論じたロキーチは，逆に，「人生はイプサティブである」と言って，価値観を相対的に捉えることをよしとし，この順位法を推奨したことは記憶に留めておきたい。と

訳者注＊3：ロキーチの1985年の原著論文，"Inducing changes and stability in belief systems and personality structures." をみると，「イプサティブ」（ipsative）の意味はおよそ次のようである。人の価値観は，安定しているものと変動するものが混在しているのがその実相である。したがって，人の価値観——ある時点でも，全ライフスパンにわたってもよいが——を測定する方法は，その個人が関心を抱く"複数の価値観"を捉えてその全体の傾向をみるのに適したものでなければならない。その1つが"順位法"であるという。その際，個人の価値観の安定と変動の実相およびこれを把握する方法自体の両方を的確に表現できる言葉としてイプサティブという言葉を選んだのであろう。ただ，この言葉は日本語になりにくいのでここでは原語のままとした。また，ロキーチは，「順位法」と対照的な測定法として，例えば，人のある特性を他の特性と無関係にただその重要度を単独に測定する場合の「評定尺度法」をあげている。いずれにせよ，ここではイプサティブを相対的という意味合いをもつ言葉として使用していることに注意を向けておきたい。

いうのも，仕事観を評価する方法としての順位法は，その後も一定の支持を得てきたからである[*3]。

評定尺度法

この評価法では，既述のWVIとSI，およびWAPSが採用したものであるが，被験者に仕事観（例えば，高収入を得る，経済的に豊かになる，など）のリストを提示し，そこに記載された各仕事観について，「非常に重要である」から「重要でない」までの間の評定尺度のいずれかを選ばせるという方法をとるのが普通である。また，評定尺度法で得られた結果は，各仕事観がどれだけ一般的に重視されているかを勘案して調整する場合がある。例えば，被験者によっては次のような説明を加えなければならないことがある。

> あなたは仕事観の中で「収入」をどの場合も「非常に重要である」と評価しましたが，これはどの人にも非常に重要なものです。ところが，仕事観としては一般的にあまり重視されないにもかかわらず，あなたが「非常に重要である」と個性的に評価した仕事観があります。この場合，あなたの価値観プロフィール上は，「収入」をこの個性的に評価した仕事観より少し低く見ておくのも一つの方法です。

といった具合である。

これは，プライアーが，評定尺度法で得られた個人の結果を，一般的な価値基準に照らし合わせて再解釈することを勧めたことと，また，先にスーパーが，一対比較法や評定尺度法による検査結果は，これを適切に解釈することが大切であるとして，これらの評価法の活用の仕方に注意を促したこととその趣旨は一致する。

レパートリー・グリッド法

この評価法は，元はケリーの「役割構成レパートリー検査」に由来するが，

現在は，タイラーが改訂したものがよく知られている。この方法によると，まず被験者に，仕事の世界で普通にみられる職業，あるいはキャリアカウンセリングを受けているクライエントが実際に関心を抱くような職業から成る3組の職業群（普通はカード上に記載）が提示される。3組のうち，2組は相互に類似した職業群が，1組にはこの2組とは異質の職業群が記載されている。次に，被験者は，3組の職業群をよく見比べて，群間で似ているところと違っているところを，仕事観評価で使用されている言葉を使って表現するよう指示される。こうして実施される評価法は，個人の価値体系の中核を占めるその人に固有のパーソナルな価値を引き出すことができるので，諸検査中，最も個性記述的な検査法であるといえよう。

仕事観が人の職業行動に及ぼす影響：仕事観の意義

仕事観は，結局のところ，人の職業行動にどのような影響を及ぼしているのであろうか？　実は，このことに関する実証的証拠はいまなお少ないのであるが，ここでこれまでの研究実績の中でも注目すべきものを取り上げ整理しておきたい。

まず，ラウンズは，職業リハビリテーションを受けている成人225人を対象にして，最初の接触から1年後に，「仕事観」と「興味」は職務満足とどの程度の相関関係があるかについて調査した。その結果,「仕事観」は「興味」

訳者注＊4：1990年のラウンズの原著論文，"The Comparative and Combined Utility of Work Value and Interest Data in Career Counseling with Adults."によると，事情はおよそ以下のようである。被験者が就いている仕事とその人の仕事観が一致しているために，その人に職務満足を惹起させる比率は，（興味に関するデータを統制して）回帰分析にかけた結果，4～29％であった。また，仕事観でも興味でも，その人が就いている仕事とそれらが一致しているために職務満足を惹起させる確率は，女性のほうが男性よりも高いという。ラウンズは，この結果を踏まえて，一般的には，成人のキャリアカウンセリングでは，クライエントの仕事観と興味を測定することが相当重要であること，そして，できれば，先に興味検査を実施し，その後で仕事観を測定・評価することがよいとしている。

よりも有意に職務満足と関係があること，また「興味」は，女性に比べて，男性にとっては職務満足を予測する因子とはなりにくいことなどがわかったという[*4]。

　一方，進路の選択では，むしろ興味が重要な働きをする，と主張するのはプライアーとタイラーである。彼らの調査研究によると，学生が大学で学ぶ履修コースの選択には仕事観よりも興味がより深くかかわっていることがわかったからである。

　別の観点からの研究であるが，カンチアーとウンルーは，転職者と非転職者間にみられる仕事観の違いについて調査したところ，転職者のほうが，創造性，独立心，知的な刺激といった価値観への関心が高いことがわかったという。また，スベルコが提起した仮説は，人が自分の仕事をどの程度大切なものと思うかは，その仕事が，自分が最も重視する仕事観をどの程度充足しているかにかかっているというものであったが，自身のその後の研究でこのことが立証されたとしている。さらに，ローカンは，オーストラリアのハイスクールの生徒を対象にして行った仕事観に関する調査研究の結果を報告しているが，これによると，生徒に，将来どんな役割を果たしたいと思うかという役割期待を聞いたところ，彼らの間に一定の「仕事観パターン」があることがわかったという。例えば，「働く人」の役割を好む生徒は，達成感，創造性，能力の発揮等の価値を重視するが，「余暇を楽しむ人」の役割を好む生徒は，体を動かすこと，審美的活動，社会とのつながりといった価値を重視する傾向があったという。

　最後に，文化の違いが仕事観にどのような影響を及ぼすかという問題にも関心が向けられてきたことに触れておきたい。例えば，ホフステドは，同じ事業主の下で働く国籍の異なる支配人（マネージャー）を対象にした調査を行っているが，それによると支配人たちの仕事観には顕著な違いはみられなかったという。また，エリツール・ボルグ・ハント＆ベックらは，8か国にまたがる2,280人の仕事観を調べた結果，彼らの仕事観パターンには，構造上，緩やかな一様性がみられ，文化の違いに起因するものはわずかであっ

たと報告している。これより調査規模は小さいが,レオングは,アジア系米国人の間では,「金儲け」と「将来の安定した生活」といった価値を白人の米国人よりも高く評価する傾向があることを見いだしている。

なお,仕事観に関する研究は職業心理学や産業—組織心理学分野で幅広く行われているところであり,関連書によってその研究成果を知ることができる。

結　び

「仕事観」という概念が職業理論やキャリア理論に導入されて以来,この40年の間に,仕事観を測定する道具の開発や,仕事観の考え方をキャリア探索プログラムに取り入れることに非常に多くの関心が払われてきたことは驚嘆に値する。ただ,仕事観は人の職業行動にどのような影響を及ぼしているかについて,実証的裏づけのある研究はまだ少なく,また,あるとしても,結果が矛盾している場合が多い。総じて,これまでの職業研究は,因子分析やクラスター分析によって仕事観のどの側面が人々のさまざまな職業行動のどの部分に深くかかわっているのか,あるいは,文化の違いによって仕事観にどのような違いが生ずるのか,といった問題を解明することに力が注がれてきたといえる。しかし,いずれの面の研究もいまだ実用化できる段階に至っていないのが現状である。したがって,今日必要なことは,仕事観が,そもそも,職業上・教育上の好み,キャリア成熟,自己効力感といった人々の職業行動にどのような影響を及ぼしているのか,その働きについてさらに研究実績を重ねることである。

ともあれ,仕事観をキャリア理論やキャリア発達に応用する点で不十分な面はあるが,この重要な概念を発展させるうえでスーパーが果たした功績は大いに賞賛に値すると言わなければならない。

"A life-span, life-space approach to career development."をめぐって

●東北大学名誉教授　菊池武剋

　スーパーの"A life-span, life-space approach to career development."はJournal of Vocational Behavior 誌の第16巻に掲載された，比較的長大な論文である。これによってスーパーは，それまでの職業的発達理論を大きく転換させた。そこには「職業」から「キャリア」へ，さらに「ライフ・キャリア」への展開があった。そこで示されたキャリア発達の枠組みは，ライフ・キャリア・レインボーの図とともに，わが国におけるキャリア教育の理論的基盤となっている感がある。

　私はかつて次のように論じた（『集団帰属意識の変化と職業生活』日本労働研究機構，1988）。

　　Super は，それまでの職業を中心としたキャリア発達の考え方に生涯発達心理学の観点を導入し，ひとが生涯（life span）の中で出会ういくつかの基本的な役割（life role）の連続をキャリア（life career）と呼んだ。……ひとは生涯のいろいろな時期にこれらの役割と出会い，それにコミットし知識や経験を重ねていく。生涯の各時期にこれらの役割のいくつかが同時に担われている。……しかし，個人におけるライフロールの多重性と重要性の記述にとどまって，一人一人がライフロールをいかに選択し，いかに果たしていくのかをとらえる視点が乏しいように思われる。それは個人と彼を取り巻く社会・文化・歴史的要因とのダイナミックな関係の中でとらえることが出来る。……生涯発達心理学的視点を取り入れていると言っても，スーパーの場合は，社会・文化・歴史的文脈が十分に取り込まれてはいないのである。

　スーパーのキャリア発達理論はそのまま受け入れられるのではなく，検証され，修正，発展されることが必要だと思われる。その一方，ホランドたちの「いろいろなものの間に橋を架け，何でもかんでも取り込みすぎ，あまりにも漠然としており，無定型で，検証可能な仮説を作りだしていない」という批判も当を得ているように思われるのだが……。

2 キャリア発達とカウンセリングにおける自己概念理論

▶▶▶▶▶▶▶▶▶▶▶▶▶▶▶▶▶▶▶▶▶ ナンシー・ベッツ

〔訳：安田マヤ子〕
〔補訳：下村英雄〕

　スーパーはキャリア発達は自己概念実現の過程であるということを強調した。本章ではあらためてその重要性について検討を行う。まず研究と測定の問題について概観し，次に，キャリア自己効力感やゴッドフレッドソンの制限妥協理論などの最近の研究に関する議論を行う。そして，そうした自己概念のさまざまな側面がキャリア発達に結びつくことを示す。最後に，将来的な理論展開や研究，キャリアカウンセリングに対する示唆を行う。

　ドナルド・スーパーは数多くの重要な理論に貢献したが，キャリア発達は自己概念実現の過程であるとする理論はとくに重視された。1949年にコロラドのフォートコリンズで行ったスピーチで，スーパーは初めてキャリア発達における自己概念の重要な役割を提起し，その後，1951年に論文として発表した。スーパーは1953年の「アメリカン・サイコロジスト」の論文で次のように述べている。

　　職業的発達の過程とは，本来的に自己概念の発達や実行である。それは，ある種の妥協の過程であり，遺伝的な素質，神経やホルモンなどの性質，さまざまな役割を果たす機会，さらには，役割を果たしたことで上司や同僚から得られた賞賛をどう評価するかといったことに至るまで，さまざまな相互作用の産物が自己概念となる。

　その数年後，スーパーは，自己概念を操作的に扱うにあたって，職業的自

己概念を「本人が職業に関連すると考えた自己特性の配置」と定義した。また，スーパーは，自己概念の主要な要素は伝統的な性格特性であると述べ，自らの議論の焦点を，自己評価，明晰さ，安定性，現実性といった13のメタ次元を描写することに集中した。

最近では，スーパーは，人々が自己と状況の2つに意識を向けていることを示すには，（ケリーの用語を用いて）パーソナル・コンストラクトと呼ぶほうがよいとしている。また，スーパーは，自尊心や自己効力感のようなメタ次元も強調しているが，そうした概念は自己概念実現の過程に影響を与えるからであるといえよう。

ところで，スーパーも取り上げ，オシポウもレビューしている自己概念理論についての研究の多くは，職業的な興味や選択における自己概念の実現に焦点を当てていた。例えば，現在，認識している自己と理想とする自己を測定し，それと職業的役割概念との関係を測定するといった形で，操作的な定義を行っていた。これら初期の研究では，自己概念と職業的役割概念がどの程度類似しているか（一致しているか）は，どのくらい「一致」した分野を追求しているか，職務満足，職業選択の現実性，職業に対する関心・無関心といった基準となる変数と正の相関を示すものとみられていた。

やや後の研究でも，現実自己，理想自己，職業的概念間の関連は操作的に定義され，検討がなされた。オシポウは，これら多くの研究のレビューの結論として，「自己概念が職業的好みにおいて重要な役割を果たすという考え」は支持されてきたと述べている。

ただ，職業行動における自己概念を強調したスーパーの考え方はおおむね支持されたとはいえ，オシポウが述べるとおり，当初，潜在的に豊かな構成概念であると期待されたほどには実際の研究やカウンセリングでは活用されなかった。生涯キャリア発達におけるより一般的な役割についてはとくにそうだった。

この理由を熟慮するに，何が自己概念に含まれ，何が自己概念に含まれないのかについて，はっきりとしない漠然とした定義であったため，スーパー

理論の発見的なもしくは実践的な有用性が妨げられたということがある。ゴッドフレッドソン・オシポウ&プライアーが論じていたように,自己概念は職業心理学において十分な概念化,十分な測定がなされていなかったのである。

自己概念に伴う操作的な問題

　スーパーが自己概念を概念化した際,最も深刻な問題となったのは,その定義の広さと,何がその定義から外れるのかが不明確であった点である。自己概念の定義と尺度は扱いにくく,人それぞれといった性質のものとなった。つまり,研究者個人の解釈次第でどうとでもとれるということになってしまったのである。

　もっとも,スーパー自身も,自分の概念の幅広さについては言及していた。その際,スーパーは,オールポートもパーソナリティを約4,000の特性によって定義し,パーソナリティという言葉に50の意味を与えたことを引き合いに出したりもした。

　また,スーパーは,単一の自己概念ではなく,複数の自己概念のまとまり,つまり自己概念システムのようなものも考えていた。だから,仮に,スーパーが強調した個人的な認識や環境の構成に何か別の要因をつけ足そうと考えて,自己をキャリアに置き換える際の社会的・経済的・政治的な要因を考えようとしたとする。しかし,その場合,必要となる変数の潜在的な数は,実践的な目的からすれば無限ということになってしまう[*1]。

　さらには,研究者らの交錯した多様な定義もまた,研究を複雑にした。例えば,キッドは,現実自己,理想自己,職業的自己を測定するために,興味,

---

訳者注*1:もともと複数の自己概念の集まりのようなものとして考えているので,例えば,社会的・経済的・政治的な要因のようなものを,どんどん入れていこうと思えば,いくらでも入ってしまう≒何をもって「自己概念」といっているのか曖昧になってぼやけてしまう。

適性，パーソナリティに関する自己記述を含む 61 項目の評定尺度を用いた。その尺度は多次元のもので，職業に関する個人差の主だった次元を 61 項目で網羅しようとするものだった。しかし，「全部やる」のは不可能ではないが，むずかしい問題ではあった。同様の困難は，Q 分類（例えば，エングランダーの研究に使用されたような），形容詞対，SD 法，記述式チェックリストといった，いろいろな多次元の測定方法でみられた。

よりいっそうの困難は，距離（または違い）の得点（理想 VS. 現実 VS. 職業的概念）の使用によっても生じた。具体的には，実際の得点ではなく，そこから派生した得点を必要としたこと，プロフィールの分析を行う必要があったことなどである。検討すべき得点が単純な属性を直接測定したものから乖離すればするほど，複雑になり，信頼性も失われ，解釈がむずかしくなってしまう。簡単に言うと，スーパーの概念は包括的で派生的であったため，測定が複雑になってしまったのである。

むしろ，ほんとうに必要だったこと，とくにスーパー自身も求めていたこととは，キャリア行動に関連する包括的な自己概念の中から，ある特定の側面に着目し，取り上げることであった。そうすれば測定はしやすくなり，自己概念の特定の側面と生涯キャリア発達とを関連づける理論的な主張もしやすくなる。別の観点から，オシポウも，自己概念と職業的行動の間の概念的な整理をする必要があると述べている。

そこで，次のセクションからは，自己概念と職業的発達とを概念的に結びつけようとした最近の研究領域をいくつか話題に取り上げる。

自己概念理論を説明する最近の研究

自尊心

最初に職業的発達と結びつけられた概念は，オシポウやスーパーがいうとおり，自尊心であった。コーマンの一連の先駆的な研究は，自尊心が低い個人は，自分と職業的な役割とをうまく結びつけることができないとしていた。

その後のすべての研究が，こうした自尊心の媒介的な効果を支持しているわけではないが，女性のキャリア発達に関する研究では，自尊心とその他の自己概念機能は女性のキャリア発達において，きわめて重要となることを示している。

　ウォルシュとオシポウの著作『女性のためのキャリアカウンセリング』に掲載されているベッツとフィッツジェラルドによる包括的な文献レビューによれば，全般的な自尊心が高くポジティブな自己概念は，家庭志向の女性よりもキャリア志向の女性にみられる。シュタイン・ニューコム＆ベントレーの研究は，高い教育を受けたフルタイムの仕事を続ける女性は時がたつにつれて自尊心が増加するが，パートタイムの仕事かもしくは外に仕事に出ないことを選択した女性は自尊心が低くなることを示した。自尊心の高い女性は，伝統的に男性優位な職業に就こうとすること，そして，彼女たちの達成動機づけや職業コミットメントとも強く関連しているためであると思われる。

　こうした関係性は，全般的な自尊心にみられるだけでなく，学業面での自尊心，行動に関する自尊心のような，より特定の側面に関しても見受けられている。「自らを快く思う」女性は，職業選択においてその他の特性（適性や興味など）を具現化しやすいという結果も示されている。スーパーの理論における用語を使うと，高い自尊心（自己概念の１つの側面もしくはより高次の自己概念）をもつ女性は，自己概念のさまざまな側面をより首尾よく実現することができるのである。

キャリア自己効力感理論

　包括的自尊心，学業面の自尊心，行動面の自尊心のような構成概念よりも，もっと特定の側面を取り扱った概念が，現在，「キャリア自己効力感」と呼ばれているものである。ハケットとベッツは，職業行動にバンデュラの自己効力感理論を適用した最初の研究者である。自己効力感概念によって，伝統的な性役割期待による社会化が，女性のキャリア選択やキャリア行動とかかわる自己関連評価に影響を与えるプロセスを説明できると考えたのである。

端的に言えば,自己効力感はある行動を首尾よく実行する能力に対する期待もしくは信念である。効力感は行動を始められるか否か,どのくらい努力をするのか,どのくらい障害や嫌な出来事に直面しても続けられるかに影響を与えるとされている。進路面での発達およびキャリア発達では,多くの行動もしくは行動領域が重要となるが,効力感は,キャリア関連の領域における選択,遂行,粘り強さに影響を与えると考えられている。

バンデュラによると,効力感は,以下の4つの情報源を経験することによって,発達し,変容しうるとされている。

1. 遂行行動の達成
2. 代理学習。またはモデリング
3. 言語的説得。例えば,ある特定の行動に従事している他者からの励ましなど
4. 情動的喚起の程度。ある領域の行動に関して,例えば,覚醒水準が高いほど(不安など),本人が感じる自己効力感は低くなる。

このように,ある行動領域で,その人の基礎となる経験が,遂行行動の達成,代理学習,言語的説得,情動的喚起などの影響を受けるほど,不安に思うことは少なくなり,その領域に対する自己効力感は高くなるとされている。

ハケットとベッツは,多くのキャリア領域で自己効力感の低いこと,とりわけ伝統的に男性優位な職業領域で自己効力感が低いことは,職業選択とその後の職業行動における性差の主要な媒介要因となると考えた。先行研究のレビューから,社会における男女の経験の背景はかなり異なっていた。とくに,後の職業選択に対する効力感の源泉という点では,男性は女性に比べて社会化の過程で幅広い職業に効力感を感じられるような情報を得ていた。

キャリア自己効力感理論は,相当量の研究を生み出し,その多くは,数学,科学技術の職業,職業意思決定,特定の仕事などに対する自己効力感の役割について仮説を支持する結果を示してきた。これらの研究のメタ分析の結果,

キャリア関連行動に対する自己効力感が強いほど,考慮した職業選択の範囲,数学・科学の分野の選択,そこでの粘り強さ,キャリア,パフォーマンスのような結果変数と統計的に有意に関連しているという結論も示されている。

今後,よりさらに多くの研究が必要となるが,自己効力感理論はいくつかの理由からスーパー理論の応用の1つのモデルであるといえる。

1つ目は,特定の自己概念(この場合は特定のキャリア関連の行動領域に対する自己効力感)がキャリア選択,キャリア選好,その他の行動に関する(および遂行する)プロセスを仮定したことである。

2つ目は,自己効力感理論が,スーパーが強調した自己概念と学習理論の連結をちょうどうまく強調する点である(スーパーは自分の研究について「自己概念と学習理論のような一連の理論は緩やかに統合されるはずだ」と述べていた)。

さらに,伝統的な特性因子論と違って,キャリア自己効力感理論は客観的に測定された特性というよりは,むしろ主観的な認識を基盤としている。個人が認識しているキャリア選択肢の範囲を左右する重要な変数は測定された適性ではなく,ある行動領域に対して自分は有能か否かといった信念である。このように,自己効力感理論は,自己概念に関するスーパーの考え方の現象学的な側面とも一致する。結局,学習理論の中には,カウンセリング的な介入に直接,応用できる考え方が含まれているため,自己効力感理論は理論的に有用であるのみならず,応用もされてきたと言えるだろう(ベッツの1992年の論文,キャリア自己効力感のカウンセリング場面での使用に関する議論も参考のこと)。

ゴッドフレッドソン理論

もう1つの自己概念理論の有意義な応用はゴッドフレッドソンによってなされた。ゴッドフレッドソンは,キャリア選択およびキャリア発達に影響する心理的要因および非心理的要因(例えば環境など)の統合を推し進めることが,自己概念にとって重要であると主張した。彼女は,自分自身の見方と

職業的な特徴の認識とを統合し，自己と職業の一致の水準が受容できるレベルに向かって動いていくような，そういったプロセスに関する発達的な考察の重要性を指摘した。

　ゴッドフレッドソン理論は，キャリア選択肢の制限（絞り込み）や，自分の好みと雇用の現実との妥協によって，自己概念と職業概念が比較されるプロセスを理論化した。このプロセスの中心にあるのは，自己と仕事の適合性の3つの次元，つまり，職業的性別，威信，仕事の分野に対する認識である。

　まず，ゴッドフレッドソンは，性別が職業の選択に大きな影響を与えると述べる。なぜなら，米国社会では，個人が認識できるキャリア選択肢は制約を受けており，とくに自らの性別にあった形で制約を受ける過程があるからである。

　ゴッドフレッドソンによればそうした時期は6～8歳ぐらいであるが，ひとたびこの制約がセットされると，この範囲から出る職業は，珍しい環境下でもなければ考慮されなくなる。ゴッドフレッドソンの考えでは，こうして，女性の職業希望における職業的な性別ステレオタイプに関する深刻で厳格な影響が説明されることとなる。ゴッドフレッドソンは，自分の好みと雇用の現実とで妥協をしなければならないとき，ほとんどの人は職業の分野を犠牲にし，性別を犠牲にする人は少ないと述べる。ジェンダー役割ステレオタイプは職業選択に強い影響をもっているのである。

　総じて，これまでの研究は制限と妥協のプロセスを別々に検討している。ただ，ここでは詳しくレビューすることができないが，大部分の研究はゴッドフレッドソン理論の修正が必要であることを示唆している。例えば，レオンとハーモンの研究では，選択肢の範囲は年齢とともに狭まるというゴッドフレッドソンの仮定とは異なり，受容可能な選択肢は幼い子ども時代から青年期にかけて増加し，約18歳で安定するとしている。

　また，制約の内容と範囲を媒介する変数はいくつかあるともされる。先行研究は，性別は，女子よりも男子の選択に限定をかけることが多いことを，一貫して示唆している。男子が女性ステレオタイプのキャリアを好む場合よ

りも，女性が男性ステレオタイプを好み，選択することのほうが多いことが示されている。レオンとハーモンの研究では，選択肢の幅はジェンダー役割の志向性で異なり，両性的な指向性をもつ者は性役割でも威信の面でも最も好みの面で柔軟性がみられた。

その他，ヘンダーソンの研究では，能力が社会経済的地位（威信）とより密接に関連していることも示している。

キャリア選択の妥協が必要となるとき，個人はまず最初に興味（職業の分野），それから望ましい威信のレベル，そして最後に自分が好む性別を犠牲にするという，ゴッドフレドソンの仮説は，一貫して支持されてきたわけではなかった。どちらかといえば，性別は最も重要な要因というわけではなかったのである。

例えば，ヘスケスと彼女の同僚による研究は，男女ともに，興味よりも性別や威信のほうが妥協してもよいと考えることを示した。また，レオンとブレイクの研究は，男性は，高威信の女性的な職業と低威信の男性的な職業のどちらかを選ばなければならないとき以外は，威信よりも性別のほうを先に妥協すると報告した。こうした研究に基づいて，ヘスケス・エルムスリー＆カルドーアの研究は，興味こそが，究極的にはキャリア選択過程において最も重要な要因となるとした。この説明としては，発達の過程で後に獲得される概念（興味）と先に獲得される概念（性別）では，前者の概念のほうがより重要となる，なぜならそれがより包括的だからであるとした。ゴッドフレッドソンの理論は他の研究者によって理論的に洗練されたことで，キャリア発達において自己概念が果たす役割についてより有益な説明を行えるようになったとみられている。

スーパーの理論に基礎を置く他の概念

ボーゲンは，最近の研究で，特性因子論でいうような受動性ではなく，むしろ人間の主体性を強調している。スーパーの自己概念理論のみならず，ロジャースの自己実現論やケリーのパーソナル・コンストラクトを自然な形で

引き継いだのである。人間の主体性と自己効力感についてのバンデュラの研究や，人間の変容過程におけるマホニーの構築主義的アプローチ，ハワードの概念的な研究などは，人間の主体性に関する研究に独特のアプローチをしている。

また，オシポウが指摘するように，スーパーは，役割特徴（role salience）に関する理論と研究で，自己概念という考え方を改めて操作的に定義することとなった。クックが詳しくレビューしているように，スーパーとネヴィルの役割特徴では5つのライフ・ロール，生徒，労働者，主婦（配偶者や親を含む），余暇人，市民を測定する。そして，こうしたキャリア発達におけるライフ・ロールの概念のなお一層の綿密な仕上げはブラウンによってなされた。

これら一連の考え方と関連して，多重アイデンティティをキャリア発達にとって重要なものとして強調することが増えている。スペンナーとローゼンフィールド，さらにはローベルといった研究者たちは多重アイデンティティの概念を活用して，ワーク・ファミリー・コンフリクトや雇用・非雇用の移行に関する女性の選択を検討した。ゲイナーとフォレストは，アフリカ系米国人女性の自己概念形成とそのキャリア発達とのかかわりについて理解するための枠組みとして，多重自己参照モデルを提案した。こういった多重自己参照には，アフリカ系米国人としてのアイデンティティ，女性としてのアイデンティティ，対人的な側面からのアイデンティティ，独特な個人としてのアイデンティティなどを含む。このモデルによると，最も重要な自己参照が本人の職業的環境の中で表現されるときに，キャリア発達は最適なものとなる。

また，ニーマイヤーの研究グループでは，自己スキーマの認知的複雑性の概念に関する研究を行っている。これは認知的差異グリッド法を用いたボッデンによって理論化されたものであり，もともとはケリーの役割概念レプテスト法を応用したものである。さらに，ボンドラセック・ラーナー＆シューレンベルグは，ダイナミックな社会組織的な文脈の中に個人を統合するよう計画された理論を提案した。このような自己概念理論の精緻化は，スーパー

が本来強調したかったのは生涯にわたるキャリア発達であったことを私たちに思い起こさせる。

理論, 研究, そしてカウンセリングへの含意

　これらの多様な研究プログラムは, 自己概念とキャリア発達の間の概念的な関連性を説明する有益な方法を提供する。その中で, より一般的なものは, 自己概念を構成するものを組織だって分析する必要性を強調したゴッドフレッドソンの理論である。自己概念は（かなり直感的に訴えかけるものはあるものの), あまりにその潜在的な意味において広いため, 注意深い定義づけや詳しい記述なしでは, 理論的にも実践的にも有用なものとなりえなかった。ゴッドフレッドソンやその他の現在の著者は, 自己概念は内容的なもの（ゴッドフレッドソンのいうアイデンティティ）と評価的な要素（自尊心）とに分化されるであろうという点でおおむね一致している。

　アイデンティティは, 社会階層地位や職業的性別のような公的・社会的なアイデンティティや, スーパーやネヴィルによって測定されたような役割アイデンティティを含むべきであるという示唆は, 結果として定義の問題を複雑にしてしまう。そればかりか, その包括的な性質を強めてしまうことにもなる。したがって, 仮に, 多種多様なアイデンティティと同様, 自己概念を構成する評価的な側面があるならば, 何らかの階層的もしくは次元を想定する記述的なアプローチが必要になるであろう。例えば, 階層的なモデルについては, シャベルソン・ヒュブナー＆スタントンが, 総合的な自己評価を二次・三次の側面（学業面の自己概念, 社会的な自己概念のような）から構成されることを示している。また, 最も低次の自己概念には, 特定の状況に関する自己概念が含まれる（自己効力感と同種のもの）。こうしたモデルは十分に説明的であり, したがって, 測定を行いやすく, 検査しやすいということが重要となる。

　定義の限定性や理論構成上のシンプルさのほかにも, カウンセリングの目

的への応用可能性は熟慮する必要がある。例えば，スーパーは，自尊心と自己効力感といった概念は，自信をつけさせることをねらいとした介入プログラムへ容易に翻訳できるといった点を評価していた。つまり，理想的な定義はカウンセリング的な介入への示唆を含み，指し示すものであるべきなのである。

　上述したとおり，こうしたことのよい例として，自己効力感理論がある。これは，学習理論に基づいているため，変容のメカニズムを理論に組み込むことができる。ゴッドフレッドソンらのキャリアの制約と妥協に関する研究，スーパーとネヴィルの役割特徴の概念や測定もまた，キャリアカウンセリングでの使用に受け入れられやすいだろう。

　スーパーの自己概念理論の貢献は，その広がりにおいても可能性においても膨大なものであり，それは，ほとんどの学者にとって誇りや満足となるような栄冠が与えられて当然のものである。

　ただ，ドナルド・スーパーにとっては，自己概念理論は彼の数多い重要な貢献の1つにすぎなかった。ボーゲンが職業心理学の過去20年を振り返って述べている。「60年以上にもわたってその問題を研究し続けた非凡な研究者をもつという幸運を得た学問はそうはない。これは，職業心理学が，スーパーに対してもつ借りのようなものなのだ」。

　スーパーは彼の知性を60年間，私たちに与えただけではない。彼は，内発的に動機づけられた学者というモデルも与えたのだ。彼にとって，職業心理学における理論の発展，研究，応用的な問題解決は，人生における大きな報酬であった。つまり，彼は，理論に貢献しただけではなく，理論を愛するということにも貢献したのだ。そして，この愛は，この領域にいる私たちを感化した。

　自己概念のようなアイデアは，理論と実践に対して刺激的な挑戦を提供する。これは私の望みでもあるが，ドナルド・スーパーの栄誉を讃えるこの記念論文集は，こうした挑戦に対して再び新たな注意を引きつけるものであってほしいと思う。

3 主題外挿法：キャリアカウンセリングとキャリアパターンの統合

▶▶▶▶▶▶▶▶▶▶▶▶▶▶▶ デイビッド・A・ジェプセン
〔訳：京免徹雄〕

　キャリアカウンセリングに対するドナルド・スーパーの最も重要な貢献の１つは「キャリアモデル」，すなわち，ある人の職業的地位の連なりは，総体的かつ唯一のキャリアを構成するという考え方であった。1954年に，彼は主題外挿法（Thematic-Extrapolation Method；TEM）と呼ばれるキャリアパターンの予測方法を提唱した。TEMは３つの段階に分けて説明・要約することができる。キャリアカウンセリングへの発達的アプローチ，心理動態的アプローチ，物語的アプローチに関する最近の著作物は，このオリジナルな方法の革新的な改訂および精緻化を提案している。修正されたTEMは，効果が期待できるにもかかわらず，いまだほとんど試みられていないキャリアカウンセリングの技術なのである。

　フランク・パーソンズの「真の推論」の時代以来，キャリアカウンセラーは，クライエントが自己の将来のキャリアの方向性，成果，満足度を予測することをどのように支援するか，という問題に直面してきた。今日では用意されたカウンセリングサービスの多くが，クライエントが長期にわたるプランを練り上げることができるよう，カウンセラーが支援することを推奨する方針をとっている。クライエントが長期プランを構築できるよう支援するにあたって，カウンセラーは個別キャリアプランやキャリアポートフォリオのような印字されたひな型を活用するように勧められたり，求められたりしているのである。キャリアカウンセラーは，彼らが好む理論や現行の職務記述書の内容に関係なく，常に予測を行っている。しかしながら，その予測は明

第3章　主題外挿法：キャリアカウンセリングとキャリアパターンの統合

示的であれ暗示的であれ，暫定的で慎重なものである。

　1909年から現在に至るまでの間，キャリアカウンセラーの仕事は，ドナルド・スーパーの業績に著しい影響を受けてきた。今日，キャリアカウンセラーの大部分は，彼が導入した考え方，彼が発展させたツール，およびこの分野における彼のリーダーシップを理解している。累積され，広範囲にわたっていた彼の仕事から分かれた「断片」――スーパー自身の言葉を借りるならば――を慎重に検討し，彼を讃えるのは適切なことであろう。彼に対する賛辞として，私はこれからTEM，およびスーパーの功績におけるその位置，および現代のキャリアカウンセラーからみたTEMのもつ可能性について論じていく。

　1954年，スーパーはキャリア予測の問題に取り組む手段として，TEMを提案した。TEMは，新たなものを組み合わせる形で，スーパーが生み出した数多くの有用な考え方の1つの実例である。彼は，当時産業社会学から適用されていたキャリアパターンの考え方と，パーソナリティ心理学から適用された「生活史法」に基づく手続きを組み合わせた。キャリアパターンは，職業人生を越えてさまざまな人々に共通する地位の連なりを表している。さまざまな種類の連なりはそれぞれ異なった性質をもっており，各々にふさわしい名称がつけられている。例えば，「安定的キャリアパターン」は，学校やカレッジを卒業してただちにある1つの仕事に就き，一貫してその仕事に従事した1950年代の人々，とりわけ男性のことを示している。生活史法とは，ある人の人生に関するデータを収集し，解釈するプロセスを意味するのである。2つの概念を組み合わせることによって，初期の職歴データからテーマ（主題）を抽出し，そのうえでキャリアパターンを応用して，将来について外挿法で予測するのである。

　TEMを活用するキャリアカウンセラーは，歴史家のように振る舞う。すなわち，歴史的根拠を再検討し，過去を説明するパターンあるいはテーマを探求し，クライエントの将来の成果について最も妥当な予測を外挿法で推論するのである。スーパーは，1934年の研究でこの方法について以下のよう

に説明した。

　このアプローチの基礎をなす前提は次のとおりである。個人が将来何をしたいかを理解する1つの方法は，(彼あるいは彼女が) 過去に何をしたかを理解することである。そして，(彼あるいは彼女が) 過去に何をしたかを理解する1つの方法は，出来事のつらなりや人格の発達について分析し，繰り返しみられるテーマや内在する傾向を確かめることである。

カウンセラーとクライエントは生活史のデータを時系列順に整理し ("(彼あるいは彼女が) 過去に何をしたか")，過去についての解釈を練り上げる ("繰り返しみられるテーマや内在する傾向を確かめる")。スーパーは「繰り返しみられるテーマ」は，頻度の変化，強み，そして行動による欲求と価値と学力の表明，これら三者の相互作用であると考えた。彼は，ジョージ・リッチの個別事例史から明らかになったテーマを一例としてあげている。リッチの安全に対する初期の欲求は，彼のキャリアにおいて，その後に繰り返しみられるかもしれない欲求として，TEMによって予測された。「内在する傾向」とは，クライエントが"過去に占有した地位の連なり"であり，それは"将来に占有する潜在的地位の連なり"を予測する基盤として役立つ。内在する傾向の一事例としてあげられるのが，リッチが初期に就いた一連の周縁的仕事であり，「周縁」と称されるパターンとして，その後の転職に向けてTEMによって予測された。

　スーパーが1961年の研究で「発達的方法」とも呼んでいるTEMは，「保険統計法」に替わるものとして紹介された。保険統計的な予測法は，クライエントの検査スコアを，予想されるクライエントの行動がもたらすさまざまな職業的成果に関する情報に必然的に結びつける。例えば，カウンセラーとクライエントは，他者の先行する経験を活用し，予想される行動から生じる確率が最も高いパフォーマンス結果 (例えば，参入，成功，満足) はどのようなものか予測する。したがって，スーパーの保険数学の隠喩は，適切であ

るように思われる。保険統計人のようなカウンセラーは,他者の類似した業績との間で観察される相関関係に基づき,表やグラフや公式を調べ,確率の専門用語を駆使して最適の予測を探し求める。

保険統計法が「特性理論」に依拠しているのに対して,TEM はスーパーの呼ぶところによると「ライフパターン理論」に依拠している。"ライフパターンアプローチにおいては,将来の発達と行動を予測するため,傾向を将来に投影し,他者の観点からそれぞれの'主題'を修正して外挿するという試みがなされる"。保険統計法と比べると,TEM は非常に多様なキャリアカウンセリングの手続き,とくにキャリアのアセスメントと解釈の手続きを伴っている。そこから生じる予測は,保険統計法とは異なった特徴をもっている。例えば,定量的な確率の提示に対して,定性的なテーマや傾向が提示される。しかしながら,スーパーはこれら2つの方法は相互補完すると考えており,キャリアを予測するカウンセラーは両方の方法を駆使しなければならず,あるときには一方を重視し,またあるときはもう一方を重視する。

要約すると,TEM の目的は,将来のキャリア発達や行動について予測できるように支援することである。この方法は,3つの段階に区分される。

1. テーマや内在する傾向を確認するため,過去の行動や発達を分析する。
2. 他者のテーマや傾向を考慮に入れて,各人のテーマや傾向を要約する。
3. 外挿法によって,修正されたテーマや傾向を将来に投影する。

近年みられる TEM の修正については,これから述べていくが,まずは 1990 年代における TEM の地位を検討してみたい。

現代における TEM の地位

スーパーが初めて TEM を紹介して以来,40 年近くもの間,キャリアカウンセラーはなかなか TEM を日々の業務に組み込んでこなかった。この方

法は，わずかな数のキャリアガイダンスとキャリアカウンセリングのテキスト，および専門誌で言及されたにすぎなかった。例えば，1956年から1992年までの雑誌論文（書籍は含まない）のすべての引用文献をリスト化した『社会科学，引用文献目録』を手作業で調べたところ，1954年の論文について20回の引用（スーパーによる3回の引用，および1950年代の評論の中での3回の引用を含む）が確認された。この数は，同時期におけるスーパーの他論文の引用に比べると少ないように思われる。1954年の論文，およびそれが明確にしたTEMの考え方は，例えば"職業カウンセリングにおける予備評価"に関する彼の1957年の論文ほど注目されなかった。カウンセリング技術としてのTEMは，検査や個人評価表の保険統計的解釈に比べて，確かに注目を集めてこなかったのである。

　昨今はスーパー自身の著作においても，TEMについて言及されなくなっている。さまざまな事例資料を提示したり，資料データの整理分類に関する問題について論じたりしたときにおいてさえも，彼の重点はキャリアパターンモデルではなく，その他のモデルに向けられてきた。対照的に，TEMは近年，キャリアカウンセリングに関する雑誌論文と書籍の両方において注目を浴びている。

　なぜTEMはキャリアカウンセラーに受け入れられてこなかったのであろうか。1950年代および1960年代の出来事に関する数少ない資料がその理由の一部を説明してくれるであろう。第一に，この10年の間，キャリアの予測に関する議論は，統計的（保険統計的）方法と臨床的（主題的）方法の間の競合を問題視する傾向にあった。スーパーのTEMに関する論文が発表されてからほどなく，厳密な実験による比較のもとで保険統計的方法が無条件の勝者であると断定された。したがって，臨床的方法のさらなる応用は，その時代の科学にふさわしくないと思われたのである。ただし，近年みられるアセスメント戦略の再評価，および構築的，現象学的，物語的と称される理論的アプローチは，TEMについて再考する新たな機会をつくり出した。

　第二に，ライフパターン理論に関するスーパーの構想，すなわちTEMの

理論的基盤が十分に理解されなかったことである。キャリアパターンの構成概念は，本来は職業移動に関する社会学的研究——いまもなお研究が盛んな分野——から得られたものであるが，移動が引き起こされる側面というのは，その人の歴史をたどってみたとき，何よりもまず，その人が保持する職業的地位であった。スーパーはこの側面に興味をもったのであるが，彼は同時にその人が働く，あるいは働きたいと思っている職業分野の連なりによって形成されるパターンにも関心を抱いたのである。実際，1960年代に登場したいくつかの研究報告は，キャリアカウンセラーに，さまざまな職業分野を横断するキャリアパターンをTEMで予測するための実証的基盤の初歩を提供した。しかし，その後はキャリアパターンに関する研究はほとんど登場せず（キャリアパターン研究に依拠した学術論文を含むいくつかの例外はある），キャリアパターン理論の実証的基盤はいまだ実用化されていないのである。

　第三に，キャリアパターンが社会的身分，人種，ジェンダーといった社会的地位に結びついていることが，次第に明らかになったことである。カウンセリングにおける将来の予測は中流階級の男性よりも，労働者階級のクライエントや女性の多様なキャリアパターンに基づいていなければならなかったはずである。しかし，データは往々にしてカレッジ卒業者や男性のものであった。したがって，キャリアカウンセラーは，多くの場合において，相談件数の大部分に適したキャリアパターンの情報をもっていなかった。実際，"安定的主婦"と"安定的労働者"，"二重軌道キャリアパターン"と"中断キャリアパターン"を含む，スーパーが女性のキャリアパターンにつけた名称や，これらのパターンを区別する基準として主婦業に大きく依存したことでさえも，相当な非難を引き起こした。その後に続く女性のキャリアパターンに関する重要な研究は部分的にこのギャップを埋めたが，依然として研究が活発な領域である。

　最後に，キャリアカウンセリングにTEMを実際に応用するツールが容易には得られなかったことである。最も有効なツールは，"キャリア発達のツリー"と呼ばれたグラフィックモデルであった。それは，むき出しの枝を携

えた冬の大きなナラの木のようにみえる。このグラフィックは，さまざまな選択地点を時間の経過とともに移動する人々の大集団のキャリアパターンを描いている。すべての若者は幹を出発し，人にかかわる仕事が好きか，物あるいはアイデアにかかわる仕事が好きかという初期の選択に基づいて，2つの大きな枝に分かれる。この2つの大きな枝は，カレッジに入学するか，しないかという選択に直面するときに，より小さい2つのグループの枝にさらに分化する（この時点で合計4本の枝がある）。4つの枝の一つ一つ（例えば，人にかかわる仕事を好み，従業員である）は，およそ30歳に達したすべての人々に対応する複数の下位職業グループがあるまで，教育や職業訓練の専門化あるいは職務経験に基づいて，さらに細分化される。もちろん，多くの人々はある枝から別の枝へと渡り歩く。なぜならば，人々はいつも，このキャリア発達のツリーの幹から枝へと円滑な軌道を描くキャリアパターンをたどるとは限らないからである。このツリーは，理解しやすいというアピールにもかかわらず，キャリアカウンセラーにとって標準的なツールにはならなかった。

現代のキャリアカウンセリングにおける TEM の精緻化

　TEM の応用は，いくつかの修正を経て，スーパーがそれを最初に紹介してから 40 年近くの間に広がっていった。この方法の精緻化に光を当てるために，TEM に関する 4 つの選ばれた論評の果たした貢献について，TEM の事例資料への応用，社会科学理論・研究とのかかわりも含めて要約したい。

発達的アプローチ

　クライツは，1974 年に，主要なキャリアカウンセリングのアプローチについての注目すべき評論の中で，発達的カウンセリングに関するスーパーの累積された業績を要約した。そこに TEM も，予測的評価プロセスの不可欠な一部分として含まれた。クライツは，3 種類の TEM の活動を重要視して

いる。

　第一に，「評価プロセス」は，クライエントとカウンセラーとの間の協働的な取り組みである。第二に，クライエントとカウンセラーは，そのプロセスへの積極的関与を通して，クライエントを理解できるように努力し，クライエントの履歴から推測することによって，仮想的にではあるが"仮のクライエント"のモデルを構築する。このモデルは，将来のキャリアにおける行動を予測する基盤として活用される。第三に，クライエントはこのプロセスを通して常に積極的な役割を維持し続ける。クライエントがカウンセラーによる推測をチェックする役目を果たし，カウンセラーのバイアスを修正し，そのことによってクライエントの活動へのコミットメントが深まることは，とくに重要なことなのである。クライツは，1976年の研究で，カレンの事例の中でこれらの活動について説明した。

　クライツの要約は，スーパーのTEMの推測プロセスに細部を付け加えており，その時代の社会的背景と調和していた。また，パーソナルキャリアカウンセリングのもつ政治性に適切に焦点を当てていた。このプロセスを通じて，協働はきわめて重要なものであり続ける。仮想モデルはクライエントとカウンセラーの関係を補うものであり，クライエントの目の前でその関係が構築された場合，開かれた形での過去との対面，および将来との融合がはっきりと示される。予測というのは，神秘的なものでなければ，不思議なものでもない。それは，生活史のデータを開かれた形で詳細に検討することによって生み出されるものである。予測は，彼あるいは彼女がモデルと類似しているということよりも，個々のクライエントの受容によって正当化される。

　クライツの評論から約20年後，私は1990年に，スーパーの業績に基づいて発達的カウンセリングの包括的な論述を発表した。私はスーパー同様，クライエントとカウンセラーとの間の協働を重視し，キャリアカウンセリングの予測的評価の段階にTEMを位置づけた。この方法は，キャリアの"次の段階"，例えば次に生じる移行を予測する手段として論じられた。私の1990年の評論は，TEMを精緻化するために，2つの方略を加えた。すなわち，(a)

生活史データの中に内在する傾向の重視，および（b）予測に対する個性記述的アプローチである。

　クライエントの生活史データに内在する傾向は，非数学的な形での TEM を許容する形態において整理され，明らかにされる。この形態は，グラフ曲線を作成するのに似ている。カウンセラーとクライエントは，さまざまな種類のグラフ上にある傾向を TEM によって予測することができる。例えば，たくさんの人生の役割（職業人，配偶者，余暇人，市民など）の軌道は，よく知られたスーパーの「ライフ・キャリア・レインボー」において，分離したアーチとしてライフスパンを横断して描かれる。水平軸は年齢および発達段階を示しており，また垂直軸は人生におけるさまざまな役割に分岐される「ライフスペース」を示している。それぞれの役割への参加と感情的コミットメントを同時に描くことが可能になっているのである。2つ目の例は，スメルサーの線グラフであり，年齢あるいは時間を示す横軸と，仕事や結婚など特定の活動への参加を示す横軸に沿って，"人生の輪郭"を描いている。これら2つのグラフは，将来にまたがるアーチあるいはラインを TEM によって視覚的に予測することを可能にしている。

　近年では，クライエントのキャリアにおける傾向を描き出すために，私は物語のメタファーを提案した。生活史のデータから推論されるクライエントのダイナミックな描写は，まるで物語のようにまとめられ，推測のための基盤として役立つ。キャリアについて自分自身を語ることは，将来の行動について予示することにつながるため，予言的な価値をもつであろう。物語は常に時間的な側面，すなわち始まりから終わりまでの変化を伴う。語り手としてのクライエントは，時間的連続性の中で，場面，目標，活動，個性を関係づける。連続する物語を組み立てることによって，過去の傾向について歴史的あるいは伝記的な分析をすることができ，将来に向けて TEM で予測することができるのである。

　ガーゲン夫妻は，予測のためのストーリーをつくることを援助するため，時間と"幸せの一般化された感情"という2つの次元において物語的構造を

もつグラフを提案した。クライエントのキャリアに関する物語の顛末は，傾きや方向が変化する線グラフとして描かれる。例えば，"前進的"物語は安定した傾きを示すが，それに対して"喜劇的"物語は最初に上昇を示し，続いて急降下，そしてエンディングに向けて急上昇を示す。

　個性記述的予測法は，もっぱら個別事例から引き出された生活史データを必要とする。統計的モデル，臨床的プロトタイプ，そしてパーソナリティ理論の構成概念は，こうしたTEMによる予測には用いられない。帰納的アプローチは，外部から課せられたカテゴリーシステムよりも，クライエント自身の思考や感情から生じた法則に従って，クライエントの生活史データを整理することを必要とする。洞察や予測は，カテゴリー化のプロセスと，その結果として生じた法則やグループの両方からつくり出される。このプロセスは，レイチェルについての事例資料に対する私の返答の中で説明されている。

　ワーリンの1941年の研究によって述べられているような生活史法は，社会科学において再評価を得てきており，TEMに有意義な形で応用することができる。パーソナリティ心理学者であるランヤンは，個人の生活に関する研究の中で，その理論と方法に関して傑出した評論を提供した。最も注目すべきは，個人の生活史について理解するために設計された，個性記述法に関する最新の調査研究である。個々の私的な語りを顕在化させ，詳細に検討していくナラティブメソッドは，拡大しつつあるこの研究分野の中で，新たな成果に向けた道を指し示している。この分野において，完全な説明がなされているわけではないが，サルビンやブルーナーのような卓越した心理学者の残したキャリア予測の背景となる業績は，キャリアカウンセラーを驚愕させるであろう。

　判明しているランヤンの第二の方法は，ホロウィッツの立体配置解析であり，それは機能しているパーソナリティにおけるパターンを認識するための方略である。精巧なプロセスのもとで区別される3つの段階は，このアプローチのもつ潜在的可能性に1つの意義を付与する。第一に，繰り返しみられるクライエントの状態および先行条件の連なりが認識される。次に，それぞれ

の状態が一般的なターム（例えば"未決定のキャリア"）や個人に特有のターム（"途方に暮れた"）によって定義される。第三に，入口あるいはその状態からの出口に通じるさまざまな状態や条件の間にある移行パターンの探索がなされる。このパターンは，しばしば個人に特有の状態移行サイクルとして出現する。これらのパターンやサイクルは，近い将来に向けてTEMによって予測することが可能であると思われる。

心理動態的アプローチ

サビカスは，アドラーの理論を道標として活用して，TEMの用語およびカウンセリング実践の両方の明確な指針をキャリアカウンセラーに提供した。

サビカスは，1988年の研究で自分がどのようにTEMを，"パブ経営者"に関する事例資料に応用したかを示し，この方法に関連する用語の意味を明確にした。キャリアテーマというのは，目的，方向，あるいは目標を課すことを通して，クライエントの職業行動を統合したものを表している。キャリアパターンは，こうした目的意識から生じるとともに，その他のあらゆることよりも先に解決したいと考えている特別な問題に取り組もうとするクライエントの努力から生じる。例えば，パブ経営者の"人間の運命への関心"である。アドラー心理学を支持するカウンセラーは，家庭や幼少時代の出来事の中にあるキャリアテーマの起源を調べる。クライエントが自分のテーマを表現する方法は，キャリアスタイルと呼ばれる。テーマ（目的）とスタイル（方法）が統合されているとき，そのキャリアパターンは安定するが，反対にそれらが対立しているとき，キャリアパターンは不安定になる。

サビカスは1990年の研究で生活史法，とくにキャリアスタイルのインタビューに関する8つの質問について論じており，通常はライフストーリーという形でクライエントから情報を収集してきた。アドラー心理学を支持するカウンセラーは，クライエントのキャリアスタイルというのは，部分であるそれぞれの表現の総体であるとみなしている。したがって，クライエントは

いくつかの開始地点を選択することができるのである。傾向やパターン，とくに過去のパターンや将来見込まれるパターンを明らかにするために，ストーリーの検証が行われる。カウンセラーの解釈は，言葉に表されていない，検証がなされていない，あるいは無意識のテーマを明らかにする。このようにして，キャリアカウンセラーはテーマを顕在化させ，テーマを解釈し，予測のためにテーマを活用するフレームワークを手に入れたのである。

　サビカスとその同僚は，キャリアテーマの主観的側面をキャリア評価やキャリアカウンセリングに統合することの重要性を強調している。クライエントというのはそのストーリーの最も重要な源であるため，クライエントとの協働は基盤をなすものである。ライフキャリアテーマを重視するその他の研究者は，対照的に，クライエントの形成したイメージを利用することで客観性を保持し，そのイメージを言語モデルへと変換したうえで仮説を試してみることが，カウンセラーの役割であると考えている。

　アドラー心理学のアプローチは，心理学者であるチクセントミハイとビーティーによって論じられた，生活史の資料からライフテーマを引き出す方法によって特徴づけられてきた。彼らはライフテーマを，"ある人が他のいかなることよりも先に解決したいと考えている問題あるいは問題の集合，および解決を成し遂げるためにその人が発見した手段"と定義した。ライフテーマは，区別される4つの段階を通して発達していく。

1．存在するストレスを認知する。
2．問題を発見する。
3．解決することができるような形で問題を言明する。
4．主要な実存的問題の解決方法を試してみる。

　彼らはこの方法を30の生活史に応用し，ライフテーマは文化的適応を媒介する相互作用を通して伝達される象徴的構造から構築される，という結論を得た。彼らの調査研究は，ワトキンズとサビカスによるキャリアカウンセ

リングへのアプローチの基盤をなすものであった。クライエントのストーリーにおけるテーマの発見についてもっと学びたいキャリアカウンセラーは，この有益な論文を参照されたい。

物語的アプローチ

コクランは，スーパーの理論は有用であるが，カウンセラーとクライエントが職業的使命やその重要性を理解できるよう支援するには至っていないと論じている。ある人間の職業的使命，すなわち"人生における天職がもつ高尚な意義"をどうやって理解するかについて論じるために，彼は生活史法を自叙伝的資料に応用した。

コクランは，「律動性」と呼ばれる生活史にみられる性質を明らかにし，職業的使命をもった人々のライフストーリーの中心にあって繰り返されるものを明らかにした。私たちの文化の中にあるその他のストーリーと同じように，ライフストーリーは律動的であり，いくつかの周期によって構成される。その物語は，4つの局面に区別される。

1. 不完全，すなわちいまの自分に対するその人の見方とあるべき自分との間にギャップが存在する。
2. ポジショニング，すなわち行動するためのレディネスの形成に取り組む。
3. ポジティング，すなわち現実的あるいは象徴的な何かを成し遂げるために行動する。
4. 完結，呼び起こされた1つの始まりであったことに，否定的であれ肯定的であれ，結末がもたらされる。

コクランが物語的局面を描くために利用した自叙伝的ストーリーは，ある人のライフスパンの主要な部分において展開されるものである。そうであったとしても，キャリアカウンセラーはクライエントの拡張されたライフストーリーの中にこれらと同じ律動を認め，4つの局面を発見し，将来に向け

た周期をTEMで予測するであろう。

結　論

　私の見解では，キャリアカウンセリングに対するドナルド・スーパーの最も重要な貢献は「キャリアモデル」，すなわち，ある人の地位の連なりが総体的かつ唯一のキャリアを構成するという考え方であった。職業というよりもキャリアに焦点を当てる場合，カウンセラーはクライエントの主観的な見方，およびキャリアカウンセリングにおける積極的で協働的な役割により大きな価値を見いだすようになっている。もはやカウンセラーは単なる職業情報の提供者として仕事をすることはできず，回帰式に大きく依存して単一的な予測を提供することもできなくなった。

　キャリアモデルは，個人内の変化や移行に敏感なカウンセリング方法の基礎を築いた。キャリアパターンを予測するのに有効なアプローチであるTEMはその一例であり，1954年に初めて紹介された。歴史の中でこの時代は，その方法を日常的なキャリアカウンセリングに統合するのに適した時期ではなかった。いくつかの理由から，現在の知的・政治的な風潮は，それらを受け入れているように思われる。第一に，キャリアモデルは，人と職業との伝統的なマッチングモデルと並んで，一般的に認められた地位を獲得している。第二に，文脈自由の"経験主義の砂嵐"の主張に替わって，人々および人々のキャリアに関する複合的な見方が評価されるようになったことである。第三に，発達的アプローチ，心理動態的アプローチ，物語的アプローチから現代のキャリアカウンセリングを総括したさまざまな論者によって，TEMの手続きが精緻化されてきたことである。第四に，現代のキャリアカウンセリングは，さらに役立つ改良に向けて有効な方法を提案する社会科学者たちの研究によって，絶えず活性化されている。

　応用カウンセリングにおいてキャリアパターンのデータがありふれたものになるであろうというスーパーの予測は実現しなかったが，TEMの修正

バージョンが登場した。それが信頼性の高い1990年代のバージョンであり，キャリアカウンセリングにおいて"真の推論"を行っているのである。

スーパーのキャリア発達理論から「能力開発構造図」へ

●国立大学法人三重大学特任教授　宮崎冴子

　スーパーは,「キャリアとは生涯において個人が占める一連の立場」(『職業生活の心理学』1957)と定義し,キャリアは生涯にわたり発達し,役割が変わる,各期の発達課題を遂行して,その人の生き方が決まってくるとして「ライフ・キャリア・レインボー」を発表した。

　スーパーの理論では,なかでも「自己概念」がキーワードとなる。人は,幼少時から親や周りの人々との関係,学びや経験について他者を観察しながら,自分がどのような人間かと理解し,自画像をつくり,現実的に吟味し,自己概念がつくられる。就職活動の折には「自分はどのような人間か。これまで何をしてきたのか。これから何をしたいのか。人間としてどう生きるのか」等を考え,自己実現できる職業は何かと探し,選び,決めていく。こうして,将来の生き方を自主的に考える授業がキャリア教育である。スーパーは,1990年に職業的発達の命題を「理論的アプローチの14の命題」にまとめ,生涯にわたる職業的発達課題を提示し,後のキャリア発達理論に大きな影響を与えた。

　振り返れば,大学院時代の恩師であられる仙﨑武先生は,講義中にもスーパーについて熱く語られ,院生も一緒になり大いに議論した。「スーパーの成長―探索―確立―維持―下降の自己概念は,どう変化するのか？　発達課題の達成に何が必要か？」等々。

　そして,私が行き着いた先は,世代ごとに精神的・社会的・職業的自立を類型化した「成人期の生涯キャリア発達課題」(1996)と,全国官公庁・企業等管理職対象の実態調査をもとにした「能力開発構造図と能力領域モデル」(2000,改訂2004)の作成である。不肖私も,偉大なる先人から刺激のシャワーをいただいた一人と言えようか,心から深く感謝である。

4 キャリア発達を測定する：現状と将来の行方

▶▶▶▶▶▶▶▶▶▶▶▶▶▶▶▶▶▶ マーク・L・サビカス
〔訳：下村英雄〕

　ドナルド・スーパーの業績は，キャリア発達とそのプロセスを言葉で正しく説明し，操作的に定義した点にある。彼の業績は，クライエントの職業行動をいかに理解し，いかに導くかという面で，世界のカウンセラーに影響を与えた。20世紀の中ごろ，スーパーがこの仕事に着手したとき，スーパーは，まずライフステージと発達課題の面からキャリア発達の概念化を行った。当時，スーパーは，クライエントの実年齢とその年代で遭遇した発達課題を比較すれば，おおむねキャリア成熟を測定できると考えていた。また，ある発達課題に直面した際，どう対処したのかを調べればキャリア成熟を測定できると考えていた。こうしてスーパーは，進学先や就職先の選択を行う青年を理解し相談に乗るカウンセラーの能力を発展させた。また，進路選択に対するレディネスの重要性を指摘し，キャリア成熟の測定方法も考案した。さらに，青年のキャリア発達の重要なプロセスである成熟の概念を補完するものとして，成人キャリア発達の主たるプロセスである適応性の概念を提案し，その測定方法を考案した。

　職業心理学におけるドナルド・スーパーの優れた研究活動には，世の中に大きな影響を与えたものが数多くある。なかでも私にとって最も印象的だったのは，ある1つの研究テーマである。それはスーパーが最も得意とすることだったのだが，職業行動に関する革新的なアイデアをキャリア発達の1つの変数として測定するテストや質問項目に落とし込んでいくというものである。

スーパーは，テストを作成し公刊する際には，長期間にわたり熱心に研究を行った。そして，新しい概念を言葉で説明し，操作的に定義できるようになるまで詳しく検討した。つまり，彼は，自分の学説の理論的な概念や断片的なアイデアを洗練させ，検証するための実験室として心理測定的な研究を用いたのである。

例えば，画期的なアイデアを尺度に落としこんだ例として，スーパーは，職業観というアイデアから職業価値目録（WVI），さらには価値尺度（values scale）を作成した。また，「ライフ・キャリア・レインボー」に対する問題関心から役割特徴目録（salience inventory）を作成した。これらの尺度は，どちらも職業心理学やキャリアカウンセリングの歴史における重要な一里塚となっている。

ただ私の印象に残っているのは，やはり，キャリア発達を言葉のうえで正しく説明し，操作的に定義した研究群である。そうした研究は，例えば，キャリア発達目録（CDI）や成人キャリア関心目録（ACCI）などに典型的に表れている。

スーパーは，多くのカウンセラーがきちんとした概念的な区別をつけずにキャリア発達を扱っていると，いつもこぼしていた。彼がカウンセリングの分野に重要な概念やアイデアを数多く提供してくれたことを思えば，これは実に恥ずかしいことである。だから，私は，キャリア発達とその測定に関する彼の考え方をあらためて検討してみるのは有意義なことだと思う。そして，できるだけ概念的な混乱を少なくし，今後の研究課題へとつなげていきたいと思う。

この目的に向けて，本章では，まずキャリア発達の理論的な概念化や実証的な測定に関するスーパーの研究の発端や現状について述べる。次に，キャリア発達に関するスーパーの実践的な研究をもとにした最近の研究や今後の研究の方向性をみていくこととする。最後に，これらの研究をキャリア支援の実践に適用した実際の事例を取り上げる。

キャリア発達：社会的な課題と個人的な反応

　クライツは，キャリア発達は「職業行動に時を超えて観察される系統だった変化によって推察できる」とカウンセラーにアドバイスしていた。カウンセラーはクライエントと1回会っただけでは，直接は発達を観察できない。なぜなら発達は時間を超えて生じるものだからである。

　今世紀の初めごろには，カウンセラーはキャリア発達にあまり関心を払っていなかった。むしろ，カウンセラーは進路選択や職場適応に関心を向けていた。実践面でこうしたギャップがあった理由は，キャリア発達はすぐには観察できなかったからである。ただ，もっと重大な理由として，当時のカウンセラーは，クライエントのキャリア発達を語るための言葉をもたなかったということがある。スーパーの最も重要な貢献はこうした状況を一変させたことである。カウンセラーの注意をキャリア発達過程に向けさせたのである。

　例えば，自分が関心をもつ方向に進んでいるクライエントは，どんな職業に就いていようとも，次第に似てくるものである。スーパーは，こういったことにカウンセラーの目を向けさせた張本人だった。しかも，スーパーは，こうしたことを，生涯にわたる職業行動を詳しく説明する系統だった用語，操作的な定義を提供することで成し遂げた。その用語は明確で包括的なものであった。

　生涯にわたってあるコミュニティに属する人々は，何らかの職業の役割を果たすべく準備を行い，やがては生産的な働き手になっていく。そして，ついには生産的な職業生活を送る。スーパーの用語は，こうした一般的な社会の見方にも応えていた。

　1957年，スーパーとその研究グループは，キャリア発達を，人々の職業行動のレパートリーを増加させ変化させる成長と学習の過程と定義した。その際，スーパーは，シャーロッテ・ビューラーの人生段階の枠組みを応用して，人生全体にわたる職業行動として体系づけた。

ただ，スーパーは，キャリア発達を概念化することそのものよりも，キャリア発達を測定することのほうがずっと困難であると考えていた。キャリア発達を測定するにあたっては，少しむずかしい問題があったからである。この問題に対するスーパーの独創的な解決は，人のキャリア発達を2つの異なる方法で定義することだった。

　まず，キャリア成熟1（CM1）では，人がどのような発達課題に直面しているのかを調べる。それと年齢的に期待される一般的な職業発達とを比べて，実際どの程度，発達が進んでいるのかを測定する。一方，キャリア成熟2（CM2）では，キャリア発達課題に対するコーピングを取り扱う。ここでコーピングとは，世間で期待されるような満足のいく対処をするためにとられる行動のことである。CM2の評価は，同じ課題に対処する人々の一般的な行動と，本人自身の対処の仕方を比較することで行われる。

　なお，人はCM1上の特定の段階に進んでいるほど(例えば，探索期などに)，その段階の課題に対処するためのコーピング行動はより独立的，現実的，目的的なものとなる。

　スーパーは，後に，CM1とCM2に関する上記の定義を用いて「キャリアパターン研究（CPS）」を行った。この研究は，職業行動・キャリア発達に関する彼の記念碑的な縦断研究である。

　この「CPS」を構想するにあたって，スーパーは次のような仮説を立てた。つまり，CM1はあまり人によって変わらず，おおむねその人の年齢段階に応じた発達課題をこなす。したがって，むしろ研究者にとっては，コーピング（CM2）のほうがより洗練されたキャリア発達の指標として活用しやすいはずだ。

　こうした仮定は青年期では正しかった。この研究に参加した青年は，みな探索期の発達課題に対しておおむね似たような関心をもっており，何をどのくらい重視するかを具体化したり，特定の職業を選択しようとしたりしていた。そのため「CPS」では，各人がそれぞれ探索期の課題にいかに対処したかという個人差に集中することができた。結果的に「CPS」では，課題に対

処するための適応的な行動と，そうした効果的な行動を生み出す態度や能力を明らかにすることができた。そして，それらの態度や能力から，キャリア成熟の次元が整理されたのである。

もともとキャリア成熟は，端的に，進路選択を行うためのレディネスを意味していた。もっと簡単にいえば意思決定のためのレディネスであり，逆に専門的にいえば，何を重視するかを具体化し，選択を行うという社会的な期待に応えるべく，効果的な行動をとるためのレディネスを意味していた。ただいまから思えば，「キャリア成熟」のような抽象的な用語を使ったために結果的に問題が生じてしまった。むしろ「進路選択レディネス」とか「意思決定レディネス」のような具体的な用語をあてたほうがよかったように思う。

適切なキャリア選択を予測するのに必要なキャリア成熟の態度や能力の構造を，個人特性として測定する尺度を開発したのは，スーパーの優れた業績の1つであったと思う。そうした業績には，青年のキャリア成熟の諸次元を見つけ出し，正しく測定する項目を作成し，仕上げたことも含まれる。そして，最終的に「キャリア発達目録」が，計画に対する態度，探索に対する態度，キャリア知識の能力，意思決定の能力の4つの次元を測定する尺度として完成されたのである。

当時，カウンセラーは，「キャリア発達目録」や類似の「キャリア成熟目録」（CMI）に飛びつき，大学生や成人のキャリア発達の測定に使おうとした。これらの尺度が，もともと進路選択に対するレディネス（CM2），つまり特定の課題にいかに対処するかを測定するためにつくられたということは無視したのである。

ただ，すぐに，成人に対しては「キャリア発達目録」も「キャリア成熟目録」も有効ではないことが明らかとなった。仮に，自分のキャリアの方向転換を考えている成人ということであれば，大学2年生の学生と同じように，職業の具体化や特定化といった課題に直面しているため，「キャリア発達目録」も「キャリア成熟目録」も期待どおりうまく活用できたかもしれない。

しかし，その成人が具体的に求人を探すとか，もしくは漠然と職業生活を

安定させるといったことを考えているのだとしたら，尺度は妥当なものではなくなり，うまくいかなくなる。つまり，青年と違って，多種多様な成人を測定するには，本人が，そもそも目下どんな課題に取り組んでいるのかを測定するCM1的な尺度が必要であるということになる。成人が直面している課題にはそれぞれ違いがあるため，特定の課題にどう対処するかを測定するCM2の尺度では成人を捉えることができないのである。別の言い方をすれば，カウンセラーは，キャリア発達のそれぞれの段階（場合によってはおそらく下位段階も）で，それぞれ異なるCM2の尺度を必要とするのである。

キャリア発達の測定

　キャリア発達（CM1）をより大局的な観点から測定する尺度をつくるにあたっては重要なポイントがあった。そのポイントを，スーパーは1963年に発刊した著作の1つの章で，探索期と確立期のキャリア発達課題として述べている。そこで，スーパーは，従来のものを洗練させた改訂版のキャリア発達課題のリストを示したが，その際，各発達課題の説明を大幅に増やしている。後に，スーパーは，ここでの説明をもとに尺度の個々の質問項目を作成したのである。

　また，スーパーは，各発達課題と関連する態度や行動をリストアップした。スーパーがどの発達課題でも最初にあげた態度は，発達課題をこなす必要性に対する「意識」であった。その論文の最後の段落で，スーパーは，「意識」はすべての課題につながる共通の性質をもっているとの見解を示したのである。この見解は，キャリア発達の尺度を作成する際にとくに重要となった。

　こうしてスーパーの研究グループは，キャリア発達（CM1）を測定するための「キャリア発達目録成人版（CDI-A）」を作成した。この「キャリア発達目録成人版」は，キャリア発達の探索期，確立期，維持期，離脱期を測定する尺度から構成されており，成長期の段階を測定する尺度は除外された。「キャリア発達目録成人版」の各尺度には，その段階の発達課題を示す3つ

の下位尺度があり，さらにこれら下位尺度にはその課題を操作的に定義する5つの質問項目が含まれていた。このような方法によるCM1の測定はかなり考えられていたものだったといえよう。

　しかしながら，この方法にもいくつか問題があった。最も重大な問題は，質問項目に対する回答選択肢にあった。回答選択肢は5つの文章からなっており，「あまり考えたことがない」から「すでにやっている」までの行動で示されていた。この行動による反応の測定は，初めてキャリア発達の課題に直面した青年や若い成人ではかなりうまくいった。しかし，例えば，中期キャリアにあって自分が働く業種を変更しようとして，再び探索期の課題に取り組んでいるような人生半ばの成人ではうまくいかなかった。

　例として，自分が働く業種を販売から教育に変更しようとしている35歳の成人がいたとする。彼は探索期の項目に対して「なすべきことをやっている」と回答するであろう。その結果，彼は「キャリア発達目録成人版」のプロフィールでは探索期にあるということになる。しかし実際には，彼は，人生の半ばでキャリアの方向転換をするために新天地を開拓するという維持期の課題をこなしているのであり，そのために探索的な行動をとっているにすぎない。要するに，探索的な行動に関心をもっているだけであって，キャリア発達の探索期にあるわけではない。

　ここでも，やはり成人のキャリア成熟を測定する際の大きな問題は，成人はキャリア発達の程度に人によってそれぞれ違いがあり，したがって，直面している課題のタイプに違いが大きいということにある。成人に対しては，カウンセラーは，直面している課題が同じであると仮定することができない。したがって，青年と同じように対処方略の違いだけを測定するというわけにはいかない。成人の場合は，どんなキャリア支援を行うかを考える前に，発達の程度(CM1)と対処の仕方(CM2)の両面を測定する必要があるのである。

　後にスーパーらは，この問題についてまとまった見解を述べた。結論としては，キャリア成熟の概念は，青年期のキャリア発達の中心的なプロセスであって，成人には拡張できないとした。具体的な意思決定に向けたレディネ

スは必ずしも年齢を経たからといって増加するわけではない。どのような発達課題に遭遇するかは，成人では人それぞれでかなり異なるからである。そこでスーパーらは，成人キャリア発達の中心的な概念として，成熟の代わりに「適応性」を提起した。適応は，個人と環境的な文脈との相互作用を強調し，意思決定のためのレディネスとしての成熟から，仕事やその条件の変化に対処するレディネスとしての適応性へと注意点をシフトさせる。

　成熟から適応へと理論的な強調点をシフトするということは，「キャリア発達目録成人版」を，発達の測定（CM1）から適応の測定（CM2）へと変化させることでもある。スーパーらは，この問題を，「キャリア発達目録成人版」の項目内容ではなく回答選択肢を変えることで実現した。つまり，特定のキャリア関連課題に対して，目下，どのくらい関心をもっているかを回答してもらうようにした。行動ではなく態度を測定するものに変えたのである。

　先に引用した1963年の文献を思い出せばわかるとおり，スーパーは，意識をキャリア発達課題のすべてをつなぐ共通の特性と考えていた。言い換えれば，ある課題をこなすための第一歩とは，直面しなければならない課題に気がつくことなのだ。青年期のキャリア成熟に関するスーパーの構造モデルでは，第一の次元として「計画性」があげられており，それは意識と時間的展望から構成されていた。同様に，成人のキャリア発達課題でも，意識は，適応するための最も重要な構成要素となる。人は，適応するためには，そこに課題があることに関心をもたなければならない。そして，それに意味を感じ，自分自身を向かわせなければならない。その逆の場合，つまり，関心をもつことも向かっていくこともなければ，キャリアカウンセリングの多くのクライエントのように愚痴を言うだけということになってしまう。

　こうして，スーパーたちは，自覚を，成人が職業的発達課題に適応するための共通の要因と考えた。そして，CM1を測定する「キャリア発達目録成人版」を「成人キャリア関心目録」に改訂した。その際，スーパーらは態度を測定する回答選択肢を考案した。つまり，「まったく関心がない」から「か

なり関心がある」までの5段階尺度とした。結果的に「成人キャリア関心目録」は，キャリア発達（CM1）を測定するというよりは，むしろ「自分の仕事や職業生活を考える際の計画性や見通し」を測定するものとなった。

　「成人キャリア関心目録」の4つの得点は関心の量を点数で表す。各下位尺度の得点は，各課題に対する関心を示す。つまり，各発達課題に適応することに対する関心の量を示す。ある下位尺度の得点が最も高い場合には，その課題に対する関心が最も高い。こうして適応性の関心の焦点が示されるわけである。前述の例でいえば，クライエントの関心の焦点によって，クライエントが，例えば「探索期」という発達段階にいるということが示されるのではなく，クライエントは探索そのものに関心をもっていると解釈する。このように発達の程度から意識や態度へとシフトすることで，「成人キャリア関心目録」はどんな年代のクライエントに対しても実施が可能となったのである。

　したがって，「成人キャリア関心目録」は，キャリア発達（CM1）の程度を測定するものでもなければ，それをめざしたものでもない。むしろ，「成人キャリア関心目録」は，仕事や職場の変化に適応するための意識を測定するものである。新奇で予期せぬ変化は，発達課題と違って年齢とはほとんどもしくはまったく関係せず，直線的に進展するというものでもない。つまり，「成人キャリア関心目録」は目下の課題（CM2）に対する関心を測定するのである。なぜなら，そうした関心は，発達し，適応し，変化するために必要な要件であり，機会でもあるからである。「成人キャリア関心目録」は，こうした問題が，発達なのか，適応的な問題解決なのか，職業的な変化なのかといったことを示すものではない。探索に対する関心の得点が高ければ，進路を選択しようとしている青年，新しいキャリアに向かおうとしている職業人，なぜ安定しないのかを理解しようとしている不安定就労者，もう一度やりなおしたいと望む復職希望者の誰であっても，そうした探索は上首尾に達成されるということになる。

　スーパーの研究グループが，「成人キャリア関心目録」を作成し標準化し

たことによって，キャリアカウンセリングで，カウンセラーがクライエントに簡単に実施でき解釈できる使いやすい測定尺度が生み出された。そして，「成人キャリア関心目録」は，多くの人のキャリア発達ニーズを調査する際に活用できるユニークな尺度になった。大学のカウンセラーは，大学生（例えば，新入生や２年生など）のキャリア発達ニーズを測定するために「成人キャリア関心目録」を安価に用いることができた。同様に，組織開発の専門家は，会社の従業員のキャリア発達ニーズを調べることもできた。また，個人や集団でアセスメントを行う際に使用する以外に，「成人キャリア関心目録」は教育現場でも重要なツールとなった。高校のキャリア教育の担当者や大学のキャリア発達のコースを受けもつ講師は，生徒・学生が考えておくべき発達課題や，今後，どのような方向に態度や行動を伸ばせるかを示すために「成人キャリア関心目録」を用いた。さらに，大学院の授業を担当する教員は，スーパーのキャリア発達理論における発達段階や発達課題の操作的な定義を学生に示すために「成人キャリア関心目録」の項目を用いた。このように「成人キャリア関心目録」はさまざまな場面で有用であったが，しかし，「成人キャリア関心目録」には１つ欠点があった。「成人キャリア関心目録」は，やはり「キャリア発達目録成人版」の本来の目的を達成していなかったのである。つまり，キャリアの発達そのものを測定することができなかったのである。

未来に戻れ：キャリア発達の測定

　私自身は，いまでも，「キャリア発達目録成人版」がキャリア発達（CM1）の測定を捨ててキャリア意識の測定へと転向したことは，不幸なことであったと思う。実際，「キャリア発達目録成人版」の問題は，カウンセラーがそれを学校や大学を卒業して何年もたつような成人に用いたことから生じている。生徒に「キャリア発達目録成人版」を使用していたときには問題は生じなかった。「キャリア発達目録成人版」は，高校生や25歳以下の大学生のキャ

リア発達を測定するにあたっては，かなりうまくいっていた。生徒・学生に対しては，「キャリア発達目録成人版」の行動的な反応スケールはかなり有益なプロフィールを提供したからである。また,「キャリア発達目録成人版」では，生徒のキャリア発達課題の結晶化，特定，実行，安定が予測され，いかに対処したのか，すでに終了したか否かが示される。この発達のプロフィール（CM1）に基づいて，カウンセラーは，生徒の発達段階に最も適した対処方法（CM2）を勧めることができた。こうしたカウンセリングでの使用に加えて，「キャリア発達目録成人版」は，キャリア意思決定研究において，意思決定の状態をうまく測定する尺度となる可能性をもっていた。意思決定の状態は，従来，十分に妥当性が検討されていないような単一の項目で測定されていた。「キャリア発達目録成人版」の「特定」に関する下位尺度は，こうした単一項目による測定や，オシポウらによるキャリア意思決定尺度の中のよく知られた「確信」尺度2項目を用いた測定に対して，興味深い別の選択肢を提供したのである。

　行動的な反応選択肢をもっていた「キャリア発達目録成人版」を再検討することで，スーパーとサビカスは，前述した問題を回避し，かつ，それを復活させるように促した点で独特の貢献をした。まず，スーパーとサビカスは，行動的な反応選択肢を用いる「学生のためのキャリア関心目録」の開発を研究した。「学生のためのキャリア関心目録」は「成人キャリア関心目録」の最初の4つの下位尺度と同じ項目を用いる。また，これらの下位尺度のそれぞれにキャリア発達目録成人版の原尺度の項目プールから5項目を付加して10項目からなる4つの下位尺度とした。こうしてスーパーとサビカスは，成長段階における発達課題を測定する一連の下位尺度を作成した。こうして，もともとの「キャリア発達目録成人版」と現在の「成人キャリア関心目録」の対象年齢を下のほうに拡張した。成長段階の項目は，子ども時代の職業に対する態度や行動の発達，エリクソンの勤勉性に関する研究，勤勉さの実験心理学的な概念，キャリア発達とキャリア成熟の心理学的な基礎となるスーパーの「ウェブ・モデル」に関する文献レビューから作成した。質問項目を

洗練させるために実証的な検討を行うべく，スーパーとサビカスは，「学生のためのキャリア関心目録」の研究段階のものを実際の現場で検証した。その目的は，中学，高校，大学に入学した生徒のキャリア発達を測定する独特な尺度を生み出すことであった。

「学生のためのキャリア関心目録」に関する研究は，キャリア発達を測定するにあたってのスーパーの鋭いアイデアから出てきた研究の1つである。

また，別の研究者は，発達的な下位ステージに続く新たな下位ステージを測定する「成人キャリア関心目録」の項目を追加する可能性を研究している。その他，確立期と維持期のための対処方略（CM2）の尺度を作成すること，学校から職業への移行の研究で使用される行動課題の尺度の作成，「成人キャリア関心目録」の「関心」の反応スケールを，関心の長さと強さを説明するスケールとして洗練させること，「成人キャリア関心目録」得点と関連づけたメンタリングプログラムをつくること，連続的な雇用を提供する社会と移転可能なスキルを求める社会における成人のキャリア適応性の概念を模索すること等に関する研究もなされている。

キャリア発達を概念化し測定するスーパーの一連の研究は，キャリア発達理論の未来に向けた素晴らしい跳躍台となった。カウンセリングの分野は，彼の創造的で粘り強く生産的な研究にかなりの恩恵を被っている。そうした研究によってキャリア発達は明確に説明され，「成熟」と「適応性」というプロセスを中心に操作的に定義されたのである。

5 進路選択のレディネス：
プランニング，探索，意思決定

▶▶▶▶▶▶▶▶▶▶▶▶▶▶ スーザン・D・フィリップ
デイビッド・L・ブルーシュタイン
〔訳：浦部ひとみ〕

　スーパーの最も重要な貢献の一つは，総じて進路選択のレディネスとして知られている，プランニングや探索や意思決定といったプロセスに関する発達的課題を解き明かしたことである。私たちはこの研究から現れてきた斬新な実践の応用ばかりでなく，さまざまなレディネスの側面を概念化し運用可能にする，現存する手段を概観する。次にレディネスの構成概念の，厳選された緻密な研究や展開について述べる。そして最後にとくに強調するのは，将来のレディネスの理論と研究は，後続の研究や実践において，背景の問題や動機的要因および展開された測定的観点から取り上げられていくであろうという点である。

　ことによると，スーパーの最も重要な貢献は，キャリアは発達するという事実に対する強調なのかもしれない。職業決定はややもすればそれだけ独立して考えられるのだが，スーパーの研究は，さまざまな決定が過去と未来との関連の中で考えられなければならないことを示した。この観点こそが，進路選択に対するレディネスの問題を生み出した。すなわち，人は何をもって将来直面するであろういくつかの選択に備えることができるようになるのか，ということである。

　この論文において私たちは，進路選択に対するレディネスという概念を考察しなければならない。まず初めに「レディネス」の構成概念の輪郭を捉えるために，それが学術論文に現れ，続いて概念化され，運用され，研究され，適用されてきた姿をたどる。次にレディネスの構成概念が緻密に研究され，

展開され，また洗練されていく手法を概観する。最後に将来の理論や研究に対する期待すべき方向性を示す。

レディネス：構成概念とその用法

　スーパーは，その時代に普及していた構造的モデルに反し，職業行動の進展に着目した。彼の研究は，人生の物語が特徴的なパターンと予測可能な出来事のつながりを示すという点に注目し，職業行動を十分理解するためには発達的概念が必要であるということを示した。

　スーパーが提示した独自の概念は，ライフステージのそれぞれが，現在のライフステージを乗り越えるために取り組まなければならない，一定の課題を要求しているというものである。彼はこれらの課題への取り組み方が発達上の結果をもたらすということと，さらに重要なことには，ライフステージにかかわる課題に取り組むには，発達上の必須条件があるということを示した。発達上の必須条件の概念は，職業的成熟の構成概念に現れている。すなわちそれは，「個人が自らのライフステージにおける発達的課題に立ち向かい，社会的に必要とされる進路決定を行い，社会が成長過程の若者や成人に突きつける課題に適切に向き合うためのレディネス」である。

　レディネスの構成概念，すなわち職業的成熟を提案する際に，スーパーはそれぞれのライフステージにおける発達的課題を詳細に述べ，こうした課題にうまく取り組むために必要と思われる態度や行動を明らかにし評価するという，途方もない課題に立ち向かった。進路選択に関するレディネスの概念は，いままでさまざまな側面が示されてきてはいるが，（プランニングや探索のような）態度要因と，（意思決定や情報的知識のような）認知要因の両方を含むと考えられる。

　これらの要因を評価するのに用いられた初期の方法は，豊富ではあるが面倒なインタビューやアンケート，採点規約を含んでいた。しかしながら，多くの研究者の努力によってレディネスの構成概念は洗練され，その測定は容

易になった。スーパーと彼の仲間の 1981 年の研究，またクライツの 1978 年の研究は，まず発達の「探求」段階に焦点を当てながら，態度的かつ認知的レディネスを統合する職業的成熟性の尺度を提供した。ウエストブルークとパリィヒルの 1973 年の研究ではレディネスの情報的側面に着目した。スーパー・トムスン・リンデマン・マイヤーズ＆ジョーダンの 1985 年の研究や，クライツの 1979 年の研究はレディネスの構成概念を後続のライフステージにまで広げることにより，成人の発達的レディネスの尺度を示した。

　研究者たちは，より限定的な成熟性の構成要素につながる尺度ばかりでなくこのような尺度を用いることで，レディネスの先行段階やその結果，そして相関関係を解き明かそうと努力してきた。その後の論文において，レディネスの構成要素は支持と論争の両方を招くことになった。この構成要素の重要性を支持するものには，2 つの重要で長期的な研究成果や，レディネスをさまざまな心理学的変数，例えば認知的複雑性や意思決定様式とその進展，自己概念の明確化や適合性などに関連づけたものなど，数多くの研究がある。論争を挑むのはベッツの研究やウエストブルークの研究であり，職業的成熟に関する構成概念と測定法が，要因の定義，望ましくない相関関係および未知の予測というものの妥当性に関する問題を際立たせていると批判した。総じてこうした支持と批判は，レディネスが重要かつ実効的な，しかし物議を醸し出す構成要素であり，また今後も調査研究が維持されていくであろうことを示唆した。

　職業的成熟の経験的研究に加えて，レディネスの構成要素はまた，数多くの実践的な応用事例を導き出した。専門家たちは，個人を発達上の用語において概念化することにより，発達上「適切」である人や，レディネスが遅れている人，そして前進が阻害されている人の要求を突き止め，それを満たすことに集中してきた。これに関連するが，発達の評価は実践者のきわめて重要な職務として行われている。すなわち発達過程における要求を正確に評価することで，介入のタイミングを確認することができるのである。

　発達的観点から適切である人々は，すでに段階にかかわる課題に対応する

第5章　進路選択のレディネス：プランニング，探索，意思決定

のに必須の態度や行動をもち合わせている。したがってそのような個人への介入は，発達行動を促進することであろう。とくに独創的な例は，親に対し子どものレディネスを促進するよう訓練したパーマーとコクランの研究によって提示されている。他のさらに系統的な例は，キャリア教育者が，計画性や探求や意思決定を促進する，一連の情報と経験を若者に与えるという努力のなかにみられる。

　ある人のレディネスが注意深い評価によって最善のものではないとわかると，介入は，その人のレディネスの遅れている側面を矯正するよう向けられることになる。学級や研修会や集団や，個人的なコンピュータを使ったカウンセリングを通して，レディネスを改善するために計画的に行われる介入は，幅広く立証され概して好結果を得た。これらの介入のほとんどは，診断的な評価を事前に行ってはいないが，スーパーは詳細な診断的評価が，特定の介入対象とどのように関連づけられるのか，という例を出した。

　最後に，最善の発達上の準備態勢と進展でさえも変化の機会にさらされているということがいえる。スーパーによって示されているように，発達上の課題は正に繰り返し起こりうる。それは前に終えたいくつかのライフステージで，人が循環して元の状態に戻っていくのと同じである。このようにレディネスの概念はまた，進展が阻害された人々にとって実際上の恩恵ともなる。人が計画し直し，探求し直し，決定し直すのを支援するための戦略は，無力感を生じさせる出来事や失業や自発的な方向転換によって，それまでの立場でいられなくなる人に対して詳細に述べられている。

レディネス：そのテーマについての詳説

　前項で示されているようにスーパーの研究は，どのようにして個人が進路選択に備えるかを理解することと，またそれを手助けする方法についての並外れた興味をかき立ててきた。彼の研究は，キャリア発達事象についてのさらなる理論と研究をも促してきたのである。次項において概説されるように，

レディネスという主題は，プランニングや探求や意思決定のより限定的な問題とともに，発達と意思決定といったより広範囲な問題の観点から緻密に研究されてきたのである。

発達と意思決定

　スーパーによって提案された膨大な幅広い理論的枠組みは，人が生涯にわたる種々の選択にどのように備えるかという概念を広げ，細部にわたって規定し，最新化するさまざまな努力を生み出した。ボンドラセック・ラーナー＆シューレンベルグの研究は，この点における顕著な例である。ボンドラセックと彼の仲間はスーパーに近い包括的な観点をもち，彼らの理論的公式を導くために，発達心理学における最新の進歩した学説を考察した。彼らの観点の重要性は，人も現代のキャリア発達の根底にある変化し続ける背景も，移りゆく性質をもつということが十分理論的に強調されている点である。彼らは，文化的，時間的，歴史的，そして経済的な要因を，生まれ育った家庭や学校や仲間の影響とともに，関連する背景的要因から構成される，より広範囲な状況の一部であるとみなした。着目すべきは，多くのこうした関連性のある背景的要因はスーパーの研究の中でもみられ，生涯にわたる発達心理学の多くの基本的な仮定に同様に忠実に沿っていることを示している点である。発達上の背景の枠組みは，進路選択に対するレディネスに内在している広範囲にわたる問題に，まだこれから適用されていかなければならない。しかしそれは歴史的，経済的そして社会的要因がどのように人の発達的課題への取り組み方に影響を与えるかを理解するための，有望な概念的，経験的手段を提供している。

　スーパーとボンドラセックはキャリア発達とレディネスの問題を，広く生涯にわたる観点から考えたが，他の研究者は具体的に言えば，より広い観点からマクロのレベルで輪郭を描いたものをミクロのレベルで緻密に精査しながら，意思決定のプロセスに焦点を当ててきた。ティードマンとオハラの1963年の研究における斬新な提言はキャリア意思決定の段階に基づいたモ

デルを含んでいたのだが，それはどのように意思決定が探索から関与へと発展し，したがって，レディネスが特定の意思決定に関して何を引き起こすかを描くものであった。彼らはまた，彼らのキャリア意思決定概念を人の社会心理的発達における背景の中に据えた。この緻密な研究は，青年期のキャリアと自己同一性の発達の有望な包括的な見解を予示している。

　ティードマンとオハラの研究はまた，ハレンの1979年の研究における大学生のキャリア意思決定のモデルの基盤となっている。ハレンはいくつかの理論と研究方法に沿いながら，発達的準備態勢や自己概念，個人差，背景的要因などを統合した，キャリア意思決定の包括的なモデルを創り出し，意思決定のプロセスの諸段階に加えた。彼のモデルはまだ検証されていない多くの提案を含むが，経験的根拠は意思決定のレディネスとその進展における個人差の役割について大変刺激的な研究結果をもたらした。

プランニング，探索，意思決定

　より限定的な観点からみると，レディネスの概念はまた，プランニングと探索，そして意思決定の構成要素において考察される。これらの構成要素の性質を緻密に調べるための努力によって，レディネスの概念はさらに明確化され，また人が発達的選択に対しどのように備えるかについてのさらなる詳細な見解が表された。そのような緻密な研究の例は次項で要約される。

・プランニング

　プランニングは望ましい目標を追い求めるのに必要な行動に対する洞察力と知識を伴う。計画的に行うことの重要性は職業的成熟のほとんどの尺度において，またスーパー自身の長期的研究において明らかであるにもかかわらず，プランニングは経験的，理論的論文においてほとんど注目を受けてこなかった。最近望ましい調査結果が出されている概念は，「時間の観点」である。時間の観点は，プランニングの不可欠な側面と考えられているが，態度の職業的成熟と進路決定の尺度に経験的に関連づけられていた。プランニングの構成概念を再び活性化するための手段は，発達的見地における関連性の濃厚

な観点を強調する手段とともに，最近の文化的背景から時間の観点を考察するための努力によって提供されるかもしれない。

・探　　索

　探索は，自己と仕事の世界に対する知識を広げるさまざまな活動に取り組むことを伴う。キャリア探索に対する興味は，関心の薄かった数十年間を経て，スタンプ・コラレリ＆ハートマンの研究によって刺激を受け復活した。彼らは他の理論家とともにスーパーと彼の仲間の初期の提言から派生したいくつもの構成概念を定義づけ，多元的な「キャリア探索基準」という成果を生み出した。後の研究は，とくに探索活動の動機的前提や結果について多くの有益で深遠な洞察をもたらした。進路選択に対するレディネスに関していうと，探索は，それが有益となる詳細な方法やそれが最も効果的に引き起こされる方法についてさらなる研究を待つにせよ，一つの重要な要因であり続ける。

・意思決定

　意思決定は情報と選択肢とを，人が関与できる満足すべき行動方針を生み出すよう比較考察することを意味する。不決断と関与の性質についての諸問題は，ここ数年の職業心理学の中で，最も活気のある研究の流れの一つを生み出してきた。「キャリア探索基準」の発展とともに始まった研究の努力は，進路不決断の前提や相関関係，そして結果を理解するために投入されてきた。さらなる最近の研究は，進路不決断の性質と構造を定義づけ，決断性を測るさまざまな方法を提供しようと試みてきた。さらに研究により，個人差は決定の仕方や有効性において，どのように意思決定作業に影響するかが解き明かされてきたのである。

　これらの決断性と不決断の問題に加えて，その他の努力は進路選択にかかわるプロセスに注がれてきた。関与は選択肢の１つを選ぶというレベルを超えた段階を示すものと考えられ，またその進路選択に対する愛着心と自信とを特徴とする。関与に関連する２つの有望な概念的進歩は，ここ数年で発展

してきた。一点目は関与のプロセスにおける進展と，進路選択を先に行っておこうとする傾向での個人差を取り上げていることである。二点目は関与に到達する人の能力を限定する可能性のある知覚的困難さに焦点を当てていることである。両方ともどのように人が関与に関する発達的課題に到達するか，という私たちの知識を広げる手段を提示しているが，一方でこのレディネスの構成要素にふさわしい介入の枠組みをも提供している。

レディネス：今後の方向性

　スーパー自身の豊富な提言や，種々の方法で彼の概念が緻密に研究され，展開され，洗練されてきたことを考えると，進路選択に対するレディネスに関しての私たちの知識において，重要な進歩が継続されることで計り知れない可能性がもたらされることは明白である。将来の理論や研究において追求されるべき多くの問題は，前述の要約された概観の中で明確だ。発達上のレディネスを発揮する人には，どのような長期的な結果が生じるのであろうか。発達上の評価は，キャリア介入の有効性を高めるのであろうか。人の発達のさまざまな領域は，どのようにして職業的レディネスを促進したり阻害したりするための相互作用を生ずるのか。どのように人生の背景はレディネスの性質と効果を形作るのか。どのような種類のプランニングがさまざまなライフステージにおいて発達上必要とされるのか。探索はどのような方法で行えばいちばん効果が上がるのか，どうしたらそれが最善の状態で促進されうるのか。どうしたら人は自信と確信をもって進路選択に到達することができるのか。

　このような疑問は今後の研究に対しいくぶん逸脱した項目を含むが，私たちはまた考慮すべきものとして，レディネスの概念にいくつかの特定の観点をつけ加えることになるだろう。本章でふれたように，これらは背景，動機，そして方法にかかわる問題を含むことになる。

背　　景

　職業的発達における最近の理論や研究の多くは，人の発達の背景的状況を考えることの重要性を強調してきた。背景は，議論の余地はあるかもしれないが，発達の性質を変え，レディネスの意味を変える。スーパーの初期の研究は，人のキャリア発達に影響を与える背景的要因にきわめて徹底的な分析を加えたのだが，彼の概念は，非常に科学的な事業のように時代の雰囲気を映し出していた。

　それからの数十年間において，私たちは労働市場や職場の性質，家族構成，性別による役割行動における大幅な変更を目撃してきた。キャリア発達理論と実践についての私たちの論説は，さまざまな労働従事者が直面する複合的試練に取り組んできた。さらに，多くのキャリア発達概念が，万人に共通の法則を表さない程度のものであることが，ますます明らかになってきたのである。キャリア発達が起こる際の，変えられたり，また変わりつつある背景を考慮すると，人はライフステージや発達的課題や成熟のプロセスといった元来の概念が，さまざまなものに耐える妥当性をもちうるかどうかの疑問を抱くに違いない。

　私たちの考えでは，レディネスの構成要素の理論的豊かさの多くは，より相対的かつ動的な世界においてうまく適合されうる。私たちはそのような適合に必要とされるものが，従前の普遍的な基本概念に背景的概念を投入することであるという点を議論することになろう。例えば仕事の構造と有効性に急激な変化が起こる際には，人がレディネスを必要とする発達的課題のタイミングと順序について，断続的に見直すことが必要となるかもしれない。実際レディネスの概念は，特定のライフステージへのさらに限定的な準備というよりは，変わりつつある状況に対応できる幅広い可能性を映し出すことが求められるのかもしれないのだ。同様にさまざまな社会的，人種的，文化的集団の経験から，キャリア意思決定における進展が，時間や文化における特定の状況によって変わることが示されている。したがって，地域特有の，特定の時期の，文化的な影響を受けやすいモデルは，母集団の中の一定の集団

としては，関連性のある発達的課題，すなわち必要な態度や行動なのだが，それを緻密に調べる必要があるかもしれない。こうした方法でキャリア発達の変わりつつある背景を注視することにより，21世紀に向けたレディネスの概念の有望な有効性がみえてくるのである。

動　機

　カウンセラーが進路選択へのレディネスの問題を考えるとき，彼らの努力はクライエントに対し，発達上必要な活動に取り組むことへの動機づけに注がれやすい。しかしながら，職業的成熟に捧げられたこれまでの研究計画においては，何が人を発達的課題に向き合わせるのか，という点に特別の注視はほとんど払われなかった。

　その研究には，レディネスの動機的前提についての私たちの知識との間に隔たりはあるが，明らかないくつかの仮定的見解があった。例えば進路選択に対するレディネスについての初期の理論立ての多くは，動機は規定された役割や社会的規範に従うことから引き出されることを示唆してきた。そしてさらに現代的変化のなかで，人は外側からの援護と激励に答えて必要とされる発達的活動に取り組むとみられてきた。その人の社会的感受性に対するこうした仮定は，キャリア発達の多くの領域において有効かもしれないが，外的動機要因に焦点を当てると，いくぶん説明できる領域は限定される。

　いくつかの動機心理学からの革新的な観点は，なぜ人が自分の発達的課題に取り組むのかということについての私たちの理解度を高めてくれるかもしれない。とくに自己決定理論に対する研究は，前述の環境に基づいた立場にかかわる個人の動機に，まったく異なった観点を与えている。デシとライアンによると，「……自己決定は選ぶ能力であり，強化随伴性や衝動や，なにか他の力や圧力よりはむしろ，こうした選択肢を，人の行動の決定要素とする能力なのである」。この視点には，個人を行為の発動者とみなす現象学的視点との重要な類似性があり，キャリア探索に関してはすでに立証されているのである。

レディネスの動機的前提に関する仮定が，人の発達を助けるために果たすべき努力を示すならば，私たちは動機についてのこうした仮定的見解に，明確で重要な検討を促すことになる。私たちの考えでは，進路選択に対するレディネスにおける背景的心理学的要因の相互作用は，複雑にも環境に基づいた理論ばかりでなく，当然，自己決定理論から生ずる動機的概念を含むのである。

方　　法

　レディネスと職業的成熟についての現在の研究における広くみられる議論は，その測定の方法と妥当性に関するものである。いままでのところ，この議論は妥当なことに計量心理学的構造と信頼性と正当性の問題に焦点を当ててきた。私たちの考えでは，この議論は次の概念的議論を含むところまで広げられるべきである。すなわち成熟性の使用可能な尺度が，もともとスーパーの研究の中で仮定されていたように，これまでも（そしてこれからも継続して）形作られている豊かな構成概念を真に捉えるかどうかについての議論である。私たちはまた，変わりつつある背景と仮定的見解について以前提起された問題には，おそらく現在行われている経験的手段の範囲内では解答できない，ということを示すことになろう。

　私たちはいくつかの異なった方法論的戦略が必要であることを提案するとともに，定性的観点にはとくに注目してもらいたいと考えている。注目すべきは，進路発達についてのそうした観点は決して新しいものではないということである。実際，スーパーの独創的な「キャリアパターン研究」（CPS）の多くは，事例研究方法論を採用していた。さらに職業発達における定性的方法論は，最近，理論発達における重要な洗練された手段として再び現れてきた。人がどのようにして進路選択に備え，実践するという課題を経験し表現するかを理解する際に，こうした方法を採択することは，またしてもよい時期なのではないだろうか。

　1つのとくに有望な定性的観点は物語法において反映されている。簡単に

言うと，物語法は，調査参加者やクライエントの人生の物語を，彼らの主観的な経験を理解し，特定の現象についての認識を発展させるための手段として採用する。人々に職業生活（キャリアライフ）について述べるよう依頼することにより，スーパーが初期の段階で提案した，豊かな理論的，経験的領域を捉える方法でレディネスを形成するものを考えることが可能かもしれない。同様に，そのような方法が採用されたならば，私たちがよりどころとする数量心理学のひな形なしで，ことによると家族や血縁関係，より広範囲な文化的歴史的要因のように，発達的レディネスに影響を与える広大な経験群についてより多く学ぶことになろう。

結　論

　この概観において私たちの趣旨は，進路選択に対するレディネスの問題におけるスーパーの貢献を際立たせることであり，また，その斬新な考えがどのようにこれまで緻密に研究され，洗練され，そして適用されてきたかを考察することである。この概観が簡単で抜粋したものとなるのはやむをえないが，多くの結論を引き出すことができる。まず第一にこの分野におけるスーパーの研究の深遠さと創造性は顕著なものであるという点である。次に，スーパーの研究から端を発する豊富な概念は，数多くの緻密な調査や拡張や改良を導き出した。私たちの概観でも明らかなように，こうした後に続く人の多くの努力は，理論と実践の重要な進歩という結果をもたらした。第三に，スーパーの考えの豊かさは，私たちの知的風土や社会構造や職業世界における急速な変化に見事に適応しうるものである。最後に私たちが望むのは，私たちの領域におけるスーパーの貢献の重要性を際立たせる効果をもつことである。この概観が示すように，この領域におけるスーパーの貢献を明確化してきた概念と創造性の豊かな伝統をよりどころとしていくならば，実践者や学者が直面している複雑な問題に対する，多くの可能性を秘めた解答が手に入るかもしれない。

6 成人のキャリア適応性：
いま，必要とされる構成概念

▶▶▶▶▶▶▶▶▶▶▶▶▶▶▶▶▶ ジェーン・グッドマン
〔訳：梶野 潤〕

　この論文では，ドナルド・スーパーの「適応性」という構成概念について説明し，その構成概念に関する研究をレビューする。レビューは，カウンセリングと組織心理学の分野における研究を対象とする。組織心理学では適応性という用語は使われないが，意味内容の同じ概念が使われている。

　以下は，成人のキャリア発達における適応の仕方を手短に説明し，実践家向けの提案を紹介する。

　成人のキャリア発達とは何か？　仕事を変える人は，同じ仕事にとどまる人よりもキャリアが成熟していないのか？　私たちキャリアの理論家は，20世紀後半から21世紀前半にかけての労働市場の現実に，どのように取り組むのだろうか？

　ドナルド・スーパーは，1979年から，これらの疑問に答えるための研究を始め，「リサイクリング」という考えを使って，それに答えようとした。

　本章では，まずスーパーのキャリア適応性という構成概念を紹介する。そして，実践家向けにはキャリアの適応性を促進するノウハウを，研究者向けには，この構成概念をより深く理解するためのノウハウについて説明する。

　理論的な観点からすると，成人は基本的に仕事の世界に入る青年期から多様である。その一方で，青年期の仕事の経験はバラバラであり，そのほとんどが，これからの期待を伴ったものである……。一般的に青年期に必要とされる自覚や情報は，成人期になると一人一人の個性へと具体化して

いくだろう（スーパーとネーゼルの1981年論文より）。

　成人期の「キャリア成熟」という用語のもつ問題に対処するため，スーパーとネーゼルは「キャリア適応性」という新しい用語を提案した。この用語は，個人が仕事の世界と個人の生活との間でとろうとするバランスに焦点を当てた。

　成人はキャリアにかかわって多くの意思決定（自発的なものや強制的なものも含め）をしている。キャリア適応性とは，そういった現実の世界に役に立つものである。

　キャリア適応性という用語を紹介する主な理由の一つは，この用語が，多くの人々が直面する問題や，目新しくてよくわからない問題を強調するからである。

　プラッツナーとアシュレイは，適応性を，「仕事が求めることに対応したり，個人の欲求に応じて仕事を変化させる能力」と定義した。彼らは，適応性という用語が，環境への調整という意味で使われる傾向があると説明した。その一方で，適応性には環境を変化させるという意味もあり，むしろ，そういった説明のほうを好んだ。

　彼らは，学生の適応に関するスキル（以下，適応スキル）の習得に適切な方法として，転換可能技能[*1]の開発を検討した。適応性という用語が一般的に活用されている意味と若干違うが，成人期の適応に注意を向けるだけでなく，教育プログラムの一部として適応性の教育を検討することも重要であると明言した。

　適応性という用語が意味することは実用的なのだが，一般のキャリアカウンセリングの文献には見当たらない。教育資源情報センター（ERIC）やサイコロジカル・アブストラクトにも，この用語のインデックスは作られていない。キャリア発達のテキストにもまれにしか見当たらない。

訳者注*1：転換可能技能とは，職種などを変えても生かすことのできる技能のこと。

イサクソンとブラウンの1993年の研究は注目に値する例外である。彼らは,「キャリア適応性とは,変化し続けるキャリア上の役割を直視したり,追求したり,受け入れたりする能力を特定するのに適した用語かもしれない」と説明している。

成人のキャリアの変わり目に関する文献では,一般的に,適応の欲求があることが言及されている。例えば,シュロスバーグによると,「自律的な人は,曖昧さや不確かさに耐えることができたり,自分自身の運命に責任をもつことができる能力を開発する」という。

適応性の研究者:スーパー,彼の同僚,彼ら以外の研究者

スーパーは,1981年に適応性という構成概念を考案した。それ以降,成人のキャリア発達に関する書物において適応性という用語を使うようになった。

例えば,成人キャリア関心目録(ACCI)のマニュアルでは,スーパー・トンプソン&リンデマンらは,成人期を考えるうえで,キャリア成熟という構成概念を活用することが適切でないと論じた。なぜならば,「確立,維持,離脱といった発達課題に対処する考え方や能力は,青年期を過ぎるとあまり変化しない可能性があるからである」。

彼らは,成人期の職業発達を検討する際,成熟に代えて適応性の構成概念を使ったほうがよいというスーパーとネーゼルの意見を取り入れた。なぜならば,適応は個人と環境の間の相互作用に注意を向けるからであり,「意思決定の準備状態としてのキャリア成熟から,変化する仕事や仕事環境への対処の準備状態としてのキャリア適応性へと,注意の焦点を変えるからである」。

ウイリアムズとサビカスは,健康管理における中高年労働者の関心事を研究した。彼らは,「キャリアの維持の発達課題は,おそらく成熟というよりも適応から生まれるだろう。年齢グループ別に発達課題の変化をみると,課

題は年齢と関係しないし，連続性のようなものも順序立てたものも認められなかった」と説明した。

スーパーとネーゼルの1979年の研究では，イギリスとカナダにおける10代後半のブルーカラー労働者のキャリア適応性を測定するツールの開発について説明した。彼らは，研究の対象として次のような分野を含むことを提案した。「仕事の価値観，仕事の重要性や自立性もしくは主体的な感覚，多様な計画性もしくは未来の展望，探索，意思決定，経験のふり返り」。これらのすべてが，スーパーが適応性と呼ぶ成人期のキャリア成熟に相当する概念を構成する重要な要素として考えられた。

ラルフは1987年に看護学校の卒業生についての研究を発表した。彼女は，中高年期に特有な，キャリア発達の段階をリサイクリングするプロセスとして，適応性という構成概念を定義し，その構成概念を支持する研究結果を得た。

名前のないゲーム

産業・組織心理学会のために書かれた本のなかで，ホールは，適応性が，「課題」と「長期」に焦点を当てた中高年の経験の一部であることを提案した（他の次元には，態度［自己，短期］，アイデンティティ［自己，長期］，成果［課題，短期］がある）。

適応に関する問題は，例えば，「いまと同じ分野でトップにとどまるのか，あるいは新しい分野に移るのかといったことを，どのように決めたらいいのだろう？」といった疑問に見いだすことができる。

ホールは維持期の戦略を「戦略的不適応」とさえ言った。戦略的不適応とは，「自分自身のキャリアの段階とは合わない環境に置かれること」である。ある意味，このような状況で適応性が教育されるのである。

また，ホールはキャリアの初期の変わり目には組織の果たす役割は大きいかもしれないが，中高年になると，個人の経験がキャリアの方向づけをより

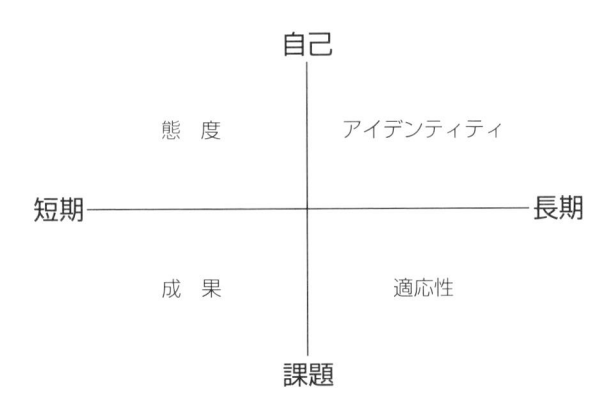

```
             自己
              │
       態 度  │  アイデンティティ
              │
短期 ─────────┼───────── 長期
              │
       成 果  │  適応性
              │
             課題
```

図　ホールの２次元モデル (訳者作成)

大きく左右するようになることを指摘した。

『職場の基本』(Workplace Basics；カルネヴァーレ・ゲイナー＆メルツァー著）という本では，人はやがて自らの経験からキャリアを方向づけるようになると説明されており，ホールの考えは，こういった最新の考え方と一致している。

ホールの研究は，基本的には，キャリアの変わり目とライフイベントへの適応に関する両研究の重なるところに位置づけられ，興味深いものであった。

ホールのやや複雑なモデルでは，適切な環境下で適切な支援を受けると，組織や社会（技術革新など），仕事の役割（新しい仕事など），人（現状に不満足など）が引き金となり，選択の自覚，新たな探索，「下位のアイデンティティへの移行，新たな確立，増大する適応能力，自己の拡大」へとつながる。

ホールはキャリアの変わり目の後，人は「新しい役割のなかで自分自身を確立させ，新しい下位のアイデンティティを取り込んで過去のアイデンティティと調和させる」ようになると書いた。

ホールはまた，人が変化の仕方を学んだり，新しい役割を学習する能力を感覚的に身につけることにより，一つ一つの変わり目の経験が適応性を増大させることにつながると論じた。

こういった習得を通して，人は自分自身を環境に対する受け身的な犠牲者というよりもむしろ，変化に積極的に参加する者として受け止めるようになる。これは，未来への適応性を増大させる認知の状態であり，こうやって有益なサイクルが構築される。

　ホールのモデルを単純化すると，スーパーのキャリア発達モデルとの関係が明らかになる。ホールの1986年の本では，スーパーの適応性の構成概念についてとくに言及されなかったが，その序文で，スーパーをキャリア発達の「父」と位置づけて謝意を表した。

　ホールは，人がキャリアの変わり目における技能の開発を支援する組織プログラムを提案し続けた。私は，本章の後半で手短にそれらについて説明する。

　フィリップは，1982年に「意思決定の視点から，成人期のキャリア探索を検討する」研究を実施した。彼女も適応性という用語そのものを使わなかったが，彼女の発見は適応性の構成概念を支持するものであった。

　さらに，年齢による一般的な傾向を示唆したり，年齢が適切でない場合は，一般的な行動の傾向を示唆した。

　彼女は，21歳までの調査協力者の80％が探索期に分類され，25歳まででは50％が，36歳まででは37％がそれぞれ探索期に分類されることを発見した。……年齢が上がるにつれ，探索期の割合は減少するが，義務教育の年齢と関係なく，探索期が続くことを示唆する結果となった。

　彼女は，調査協力者は36歳を超えても探索期を続けているか，あるいはフルタイムで主婦業をしている人を含めると，探索期の割合は増えるだろうと考えた。

　スタウト・スロカム＆クロンらは，1988年にキャリアが頭打ちになるプラトーのプロセスについて研究した。彼らは，3年という期間の初めと終わりに，工業用の建物の販売員を対象とした面接調査を実施した。

　販売員は，3年の初めと終わりの両方でプラトーの状態にある者，どちらもプラトーの状態にない者，3年の終わりだけがプラトーの状態の者の3つ

のグループが想定された。

　この研究でもまた適応という用語は使われていないが，彼らはキャリアを革新したり，改訂したりするという現象を検討し，そういったキャリアの革新や改訂を，適応性の構成要素として捉えることができると考えた。

　この研究の3年間の前後で，プラトーの状態にある販売員は，キャリアを革新することに著しく関心を失っていた。しかし，キャリアに対する態度を改訂することについては著しい変化はなかった。プラトーの状態にない販売員は，キャリアの革新や改訂について，まったく変化がみられなかった。

　プラトーの状態にない販売員は，より適応的であるようにみえる。しかし，プラトーの状態にないことが原因なのか，それとも結果なのかを言うことはできない。プラトーに直面している中年期の成人に支援できるようになるには，より多くの研究が必要とされることは明らかである。

　ビジネスの視点に立つと，ルイスが1980年にキャリアの移行の多様性と共通性について論じた。彼女は，キャリアの移行を「人が役割を変化させたり，いま，もっている役割に対する方向性を変える期間である」と定義した。彼女は認知的アプローチを使って，人が自分自身の変わり目について意味づける過程について，いくつかの側面を明らかにした。それらは，過去の経験，統制の所在といった一般的なパーソナリティの変数，同じ出来事に対する他者の視点などが含まれていた。

　こういったことの一つ一つが，キャリアの変わり目の後で，予期されたことと現実の経験の違いに気づくことによる「予期しない驚き」への対処の方法として紹介された。

　適応性の構成概念は，パーソナリティの次元として，また「予期しない驚き」を減らす方法として，ルイスの考えと，とても合っていることは明白なようである。

　フォンドラチェック・ローナー＆シューレンバーグは，1983年の職業発達に関する論文のなかで，次のように考えた。ライフスパン・アプローチは，「生活全般を通して，人が変化し続ける立場だけでなく，変化し続ける世界

にも自分自身の職業のもつ働きを合わせるように後押しするやり方」に通じる。ここで重要なことは「合わせる」という言葉である。この「合わせる」という言葉は，外的環境での出来事と個人の内面で起こることの両方に対し，適応するという意味をもっている。

　ロンドンとスタンプは，1986年の研究で組織におけるキャリア発達に関する本のなかで，適応性と関連する興味深い構成概念について示唆した。彼らは，キャリア動機づけに関する3つの次元を特定した。それらは，キャリア・レジリエンス，キャリア洞察力，キャリア・アイデンティティである。キャリア・レジリエンスは次のように定義された。

　　私たちが思うように物事がうまくいかないとき，どの程度，気力が保てるものだろうか……キャリア・レジリエンスの高い人は，身の回りに起こった出来事をコントロールできる有能な人物であると自分自身をみている。……彼らは，前へ進むために，自分自身の見方を変えたり，力の入れどころを変えるなどして，障害や望ましくない出来事に対処する。

　このようにキャリア・レジリエンスは，スーパーの適応性の概念と非常に似ている。ただし，ビジネス関連の雑誌に書かれた論文なので，その考え方の元となっている伝統的なカウンセリング研究の文献は引用されていなかった。

　彼らは，キャリア・レジリエンスが「不確実性や不明確さに対する耐性，柔軟性，自律性」という概念を取り入れていると書いて，この構成概念についての説明をまとめた。

　キャリア・レジリエンスという構成概念が必要とされる理由は，スーパーとネーゼルのキャリア適応性とまったく同じである。「技術の変化に遅れずについていくための再訓練の期間の長期化，コンピュータの普及や情報量の爆発的増大を背景とした人と人とのつながり方に見られる変化，仕事の内容が変わることにより，仕事への満足感を維持したり，高めることにかかるプ

レッシャー」があるからである。
　ロンドンとグレラーは，20年間にわたる文献を調査したうえで，キャリア・レジリエンスという用語を使った。彼らは，初期キャリアもしくは職場での正の強化により，キャリア・レジリエンスが開発されると考えた。そして，キャリア・レジリエンスは自己と組織に対する洞察が前提条件であると考えた。
　ペロサ＆ペロサは，高等教育を求めて復学した成人のキャリアの変化を研究し，さまざまな動因のセットを発見した。彼らは，そのセットを，変化の内的促進と呼んだ。

　　調査協力者の生活歴から5つのパターンが浮かび上がった。最も一般的なパターンには調査協力者の73％があてはまった。初期キャリアは，「よい」「すばらしい」「ぴったり合う」など，個人との間で適合していた。次第に自己の重要な側面の説明が否定的になり，キャリアと個人の適合性が崩れていった。もう一つのパターンは調査協力者の27％があてはまった。意味のあるキャリアを見つけようと，もがいている人たちであった。彼らはキャリアの最初の段階から適合がうまくいかなかった。

　他のパターンには次のようなものがあった。女性の29％があてはまる「新たな自立性」を強調するキャリアを求めるパターン。男性の17％があてはまる「人とかかわる」キャリアを求めるパターン。全体の15％があてはまる失った夢を求めるパターン。4％とわずかだが，趣味を追求するパターン。
　ペロサ＆ペロサは，こういった発見を，エリクソンとスーパーの両理論がつながっていることを支持するものとして解釈した。ただし，「両理論に不可欠な修正として，アイデンティティを確立するには，発達の探索期（スーパーの理論）もしくはモラトリアム期（エリクソンの理論）へと戻る時間が必要とされる」ことを提案した。
　アッカーマンは，労働力を減らす大きな要因となっている中年女性の対処行動のスタイルについて研究した。彼女は4種類のグループを発見した。そ

れらを「創造者」「維持者」「慣例主義者」「反発者」と命名した。

創造者は最も適応性が高いと考えた。彼らは「より柔軟であり，問題解決に際し，抽象的な概念化をする。生活全般についてより積極的な姿勢をとり，意思決定をする際，内的なコントロールの感覚がより強い」。こういった対処行動のスタイルの女性は，4つのグループのなかで2番目にストレスのレベルが高かった。

適応性という用語は，なぜ普及しないのだろうか？　おそらく，一般的に成人のキャリア発達は，カウンセリングの文献ではあまり注目されない。注目されるとしても，おそらく，そのほとんどが失業や解雇，あるいは新しい仕事を探すことなどの個人的な問題に帰着する。

ホールは，組織心理学の出身であるが，上述した彼のモデルにおいて，適応性という用語が無視されている問題に取り組んだ。ホールは，成人の発達に関する文献と関係づけながら，キャリアに関する文献を検討することを提案した。

成人について研究している他の研究者は，例えば，女性のキャリア発達に特有な側面や文化的に多様な集団でのキャリア発達のような，他の側面に注意を向ける傾向があった。

たぶん，適応性という用語が普及しないのは，私たちは適応が連続的なプロセスであるという事実に困惑を感じるからである。つまり私たちは，子ども時代の願望である，いずれ成長していくことや，いずれ成長するという感覚をもち続けているのである。

適応性を開発する戦略

ジェラットの1991年の研究は，適応性という言葉そのものを使わなかったが，彼の積極的不確実性アプローチは，一つの意思決定のスタイルとして適応性を教えようとするものであった。

彼の著作には，「私は気持ちを変えた。かつてやっていたやり方は，いま

では通用しない。なぜならば，ものごとは，これまでやってきたような，慣れたやり方から変わるからだ」と書かれていた。このように，このアプローチは，ジェラット自身が考えた適応性という概念を具体化していくものであった。

さらに，ジェラットは適応性という概念を実際に活用できるようにした。積極的不確実性を学習することにより，「曖昧さに対処する準備ができ，矛盾を受け入れることができるようになり，不確実性を受け入れることができるようになる」という。

積極的不確実性は4つの矛盾した原則を含んでいた。

1. あなたがしたいことに注意を向けよ。
   それと同時に，そのしたいことに対し柔軟な姿勢を取れ。
2. あなたが知っていることを意識せよ。
   それと同時に，その知っていることに慎重になれ。
3. あなたが信じていることに客観的になれ。
   それと同時に，その信じていることを楽観的に見よ。
4. あなたがしていることを割り切って考えろ。
   それと同時に，そのしていることに魅力を感じろ。

ジェラットは，現代の変化する世界では，適応性が必要不可欠であるという前提から離れて，意思決定をするためのシステムを教えた。そのシステムは，非線形的，いわゆる「右脳」のアプローチとともに，論理的，いわゆる「左脳」のアプローチを含んだ。例えば彼は，意思決定として，リスクを負うこと，思いがけないチャンスに対し寛容になること，自己成就的予言などを含めた。

ジェラットのアプローチは，個人や，個人のキャリアの意思決定を支援するカウンセラーによって使われ，成人がより適応的になるように支援する方法を明確に提供している。

一般向けに直接書かれているものとしては，ステファンの1989年の著作がある。ステファンは，人が生涯にわたる使命に気づくと，リスクを負うこと，現状を乱すこと，障害の克服について検討すると述べた。これらの提案は，私たちが議論している適応性を構成する要素のようにみえる。他の自己啓発に関する本の著者らも同様なアプローチをとる。適応性の欲求は明らかに多くの人によって認識されている。
　ハーは1992年に「柔軟性」という用語を提案した。この用語は，スーパーのキャリア適応性の概念と似ていた。
　彼は，「柔軟性」を，「知能，態度，行動上の要素を備えた包括的な概念」と説明した。柔軟性は，適応性より幅広い構成概念であること，そして今日のグローバル経済において柔軟性が必要とされていることから，文化が違えば，さまざまに解釈されるだろうと説明した。
　彼は，このような理由から，柔軟性を目的として，成人にカウンセリングをしても，その用語，構成概念，関連する行動について，普遍的な解釈が想定できないことを示唆した。そして，柔軟性という構成概念が，個人の歴史や文化，もしくは政府や職場の政治に根づいていると主張した。
　彼は次のことを書き続けた。「カウンセラーは文化の多様性や共通性を意識して仕事ができるように，多文化カウンセリングの技法のトレーニングを受けなければならない。また，違う文化から人の世界観を理解する際に起こりがちな，柔軟性の説明や適用，そこから派生する行動に敏感にならなければならない」。
　彼によれば，柔軟性は，識字能力や計算能力のような学力から構成されるという。具体的には，問題解決や人間関係にかかわる適応技能，システム，リスク，変化を理解することにかかわる起業家スキル，キャリアの動機づけや適応性，有能性である。そして，スーパーの言う適応性の構成概念は，柔軟な計画性，調査，情報，意思決定，現実への順応を含んでいるとまとめた。
　ハーは結論として，次のように説明した。

柔軟性とは,文化により違いがある生活開発スキル[*2]の代わりとなる概念ではない。ただし,柔軟性はスキルのレパートリーを増やすものであり,具体的には文化に影響を受ける有能性に代替するものである。柔軟性とは,グローバル経済の影響により,異文化間を移動したり,違うキャリアの価値観に遭遇するなどの変化に対応する能力として,学んだり,獲得することが必要なものである。

　ついで彼は,成人が柔軟性を獲得できるように支援するため,キャリアカウンセリングのパラダイムを広げることを提案した。そして柔軟性の基礎として,自尊心や自己効力感,あるいはエンパワーメントを開発することを論じた。
　こういったアプローチが,個人の自己効力感を強め,統制の所在を外ではなく,むしろ内にあるという感覚を後押しし,未来へのアプローチに変化をもたらすと主張した。
　エンパワーされた個人は,潜在的な障害に対応するため,戦略を予期したり,展開できるようになり,いつもとは違う地域や文化に特有な場面であっても支援を利用できる技能をもつようになる。
　そのような個人は,自分自身のキャリア発達の段階や,組織によって計画されたキャリア発達の段階の観点から,自分自身の移行の段階を予測するスキルをもてるようになる。ハーは次のように要約した。

　　そのようなアプローチは,目標に向けた活動,個人のエンパワーメント,柔軟性,そして目的意識を促進させる。ただし,おそらく重要なこととして,このアプローチは単に抽象的に洞察するだけではなく,計画を具体化したり,活動を方向づけることをする。つまり,カウンセラーや組織から,やらされるのではなく,個人が自分自身で責任をもって,活動の計画を立

訳者注*2:日常生活におけるさまざまな問題や要求の対応に必要とされるスキルのこと。

てるようになることである。

ハーは，私たちが適応性について，また違った定義として理解できることを説明して締めくくった。「変化する教育や心理学のコンテクスト，そして異文化間や国際間のコンテクストといった複雑性のなかで，個人のエンパワーメントや有能性を強調する新しいキャリアカウンセリングのパラダイムが必要とされている」。

歯科モデル

私は，人生の変わり目の時期にある成人を支援するモデルを提案した。このモデルは，定期的なメンテナンスと日常的な点検からなるものであり，「歯科モデル」という。

メンタルヘルスの分野で働く多くのカウンセラーが，医療や教育で活用されているモデルを活用する。私たちは，こういったメンタルヘルスの分野で活用されている医療モデルを受け入れず，教育モデルを採用する。

教育モデルでは，私たちが，学生やクライエントに，満足のいく，生産的な生活を過ごすために必要な技能を教えることを想定する。この技能を活用することにより，争いを解決したり，問題に取り組むことができたり，いま，起きているような新しい問題に対処できるようになる。

カウンセリングの教育モデルの背景にある前提は，いったん個人がカウンセリングを終えたら（1回のセッションで終わるときもあれば，1年かかる場合もある），それ以降は，自ら進んで自分自身の生活を管理できるようになることである。

歯科モデルでは，日常的な点検と定期的なメンテナンスが期待されるが，1990年代以降，より適切な比喩になっている。その前提には，適応性は教育や学習が可能な特性であるという考え方がある。

このことが意味することは，実際何だろうか？　キャリアカウンセリング

は，こういった新しいパラダイムの必要性を示すよい例である。ほとんどの人が，義務教育を終えるか，途中でやめるかというときに，最初のキャリアの意思決定をする。彼らはファストフード店で仕事を見つけるかもしれないし，心臓外科で研修医を始めるかもしれない。いずれにせよ，新しい労働者である。

　この意思決定のプロセスで，キャリアカウンセリングは支援ができるかもしれない。例えば，キャリアカウンセリングを受けて，高等教育プログラム，高等教育後のプログラム，大学院課程を選ぶかもしれない。

　いったん，仕事が始まると，ほとんどの人は次の段階を検討していることに気づく。例えば，昇進，異動，まったく新しい仕事の分野など。

　こういった考えが起こる理由として，技術革新により，彼らが過去に失業をしたり，仕事自体がなくなってしまった経験をしていることがあるかもしれない。あるいは，自分自身のしていることに興味を失ったり，生活環境が変わったりしたことがあるかもしれない。その他にもさまざまな理由が考えられるだろう。こういう場合，適応性が求められることになる。そういうときこそ，キャリアの点検をしよう！

　キャリアカウンセラーは，クライエントが，自分自身の興味関心，能力，価値観といった個性を検討できるように支援をする。例えば，シフトが昼になっている配偶者と育児を分担するため，シフトが晩の仕事を選択するといったライフスタイルの希望，徒弟制度もしくは大学院の奨学金制度の活用といったトレーニングの欲求や可能性などである。そういった仕事の世界や変化する機会を検討する。最初の意思決定はつくり変えられ，新しい仕事に就いたり，仕事に就くことが延期されたりする。このようにしてクライエントは，自分自身の適応性を鍛えながら，より深く経験を積んでいくようになる。

　たいていの専門家の目算として，標準的な仕事生活を送っている成人は，こういったサイクルを平均して5回は操り返すだろうという。かつてない速いペースで，キャリアやキャリアの機会が展開すると，この回数は増えてい

くだろう。

　適応性という用語が意味する構成概念は，退職プログラムにも関係している。例えば，退職前後での計画づくりである。選択可能な働き方（例えば，パートタイム，より責任の少ない仕事，無給の仕事など），もしくはレジャーの計画も関係している。

　私たちがより長く，より健康に生き続けるにつれ，キャリアの変わり目も1つ以上へと増えていくことだろう。初期の退職は仕事とかかわっているかもしれないが，より後の退職になるほどレジャーとかかわるようになるかもしれない。さらに後の退職時の点検では，より高齢になり，体も弱くなるが，それでも生産的な仕事にかかわることを希望するならば，仕事を見つけるために創造性が必要となるだろう。

　この歯科モデルが前提としているのは，十分に適応性が発達した成人であっても，キャリアの変わり目には支援を受ける可能性があるということだ。適応性があまりよく形成されていない成人であれば，なおさら，こういった支援を必要とするだろう。

　先立つ議論としては，人は仕事やキャリアの分野を変えることを欲しているか，あるいは変えなければならない場合にのみ，点検を必要とするということだ。

　歯医者がするように，カウンセラーは，人が正しい方向に向かうことを決めるように支援できる（私は半年に一回，歯医者からもらう「まったく異常なし」という証明書を楽しみにしている）。さらにカウンセラーは予防，つまり変化に備えた計画づくりに従事するだろう。

　こういったことは，ビジネスや産業の分野では，技能の「再習得」の欲求やスーパーの適応性の開発の欲求と関連している。短期と長期の目標を設定したり，別の計画を開発したり，あるいは計画を変えたり，キャリアと生活の適合性を再評価したりすることにより，点検の標準項目に，さらなる項目を追加する。

　毎日のメンテナンスはどうなのだろうか？　カウンセリングは，デンタル

フロスで歯をきれいにしたり,歯ブラシで歯を磨くことと同じようなものなのだろうか？

今日の世界では,地域,国家,国際社会のトレンドを理解していることは,すべての労働者に賢明なことである。

例えば,自動車産業を例にあげると,解雇される前に,自動車産業のダウンサイジングを予見している労働者は,時間給の労働者であれ,給与労働者であれ,より必要性の高い新しい技能を習得する立場についたり,あるいは,新しい雇用を求めて,自動車産業から離れることさえもできた。その他にも,履歴書を新しい状態に保ったり,履歴書に新しい情報を書き込んだり,面接試験の傾向を理解したり,専門家のネットワークをメンテナンスするなど,日ごろから心がけておくことの例はたくさんある。

私たちはどこへ行くべきなのか？

結論を説明すると,本章の冒頭とタイトルに戻ることになる。私は,適応性という構成概念の出番がまだ来てもいないし,その機会は先延ばしにされていると思う。

キャリアに関するカウンセラーやファシリテーターは,急激に変化する世界で,成人が自分自身の生活を管理する支援をすることに悪戦苦闘している。

彼らはキャリアの変わり目でのプロセスについて,さらなる理解を必要とする。成人が必要とする情報や動機づけが何なのか,どのような適応性の訓練が必要とされるのか,といったことを決めることができるようになる必要がある。そして,どのような訓練を提供したらいいのかを知る必要がある。

すでに説明したように,適応性は初等教育,中等教育,高等教育のカリキュラムの一部になってもよいだろう。人生の変わり目のすべてにおいて,適応性は有益な技能だからだ。組織やカウンセリングの専門家が,こういった分野の研究をすることに期待しよう。

今日のキャリア教育の
礎石としてのスーパー

●筑波大学人間系教授　藤田晃之

　今日，文部科学省が採用する「キャリア教育」の定義は，次のように書き出されている。
　「人は，他者や社会とのかかわりの中で，職業人，家庭人，地域社会の一員等，様々な役割を担いながら生きている。これらの役割は，生涯という時間的な流れの中で変化しつつ積み重なり，つながっていくものである。」
　これらの文言が明示するように，今日の日本のキャリア教育は，生涯にわたって変貌を遂げつつ重なり合う多様なライフ・ロールを前提としたキャリア観に依拠するものであり，この点は，キャリア教育に関する国内の研究者のみならず，国・自治体を問わず，キャリア教育推進行政に携わるすべての者に共有されているといえよう。このキャリア観は，スーパーが1980年に提示した「ライフ・キャリア・レインボー」を基盤とするものであることに多言は要しまい。日本の進路指導・キャリア教育が，その理論・実践の双方において，スーパーからの絶大なる影響を得つつ発展してきたことは，本書「まえがき」において明快に整理されているとおりであるが，上にあげたキャリア観はまさにその証左の1つであろう。スーパーによって構築された理論は，今日でもなお日本のキャリア教育を礎石として支えているのである。
　私個人もまた，若き日のスーパーがそれまでの職業発達理論をまとめ上げた The Psychology of Career (1957)［邦訳『職業生活の心理学』(1960)］の先取性や「ライフ・キャリア・レインボー」の妙に圧倒されるとともに，晩年の編著 Life Roles, Values, and Careers. International Findings of the Work Importance Study (1995) に膝を打ちながら，これまでの研究者生活を歩んできた1人である。本書を日本語で読むことができる大きな喜びを，1人でも多くの方と分かち合えることを願ってやまない。

7 役割特徴と多重役割：ジェンダーの視点から

▶▶▶▶▶▶▶▶▶▶▶▶▶▶▶エレン・ピエール・クック

〔訳：榧野 潤〕

本章では，まずスーパーの役割特徴という構成概念について説明する。ついで，彼の考え方を裏づける文献として，ジェンダー[*1]の視点から多重役割[*2]の問題を扱った文献を紹介する。

ジェンダーは，人が時間をかけて，さまざまな役割をどのように受け止め，役割の優先順位やかかわり方をどう理解し，成人期になると，複数の役割をどのようにやりくりするのか，ということに影響を及ぼす。

多様な役割のなかから，主要な役割を選択する際，その選択の基準は，男性と女性で同じものなのだろうか。両者は実質的に違う役割を担っているが，彼らは，どのようにして，そういった役割を定義したり，演じたり，やりくりしたりするのだろうか。

ライフ・キャリアは人によってさまざまである。そのためカウンセラーは，役割を通して表現されていることから，クライエントが自分自身のライフについて，どのような意味づけをしているのか，探求することを理解するのである。

ドナルド・スーパーは，早い時期から，人が人生を築きながら，その一方で生計を立てていることを理解していた。

訳者注*1：著者は，男性と女性といった性について，社会・文化的な意味を強調するため，ジェンダー（gender）という言葉を使っている。生物学的に意味する場合はセックス（sex）という言葉を使っている。

訳者注*2：多重役割とは，個人が複数の役割をいくつも抱えている状態のことである。

スーパーにとって，キャリアの意思決定は，旅としての人生の一側面でしかない。キャリアの意思決定は，自分自身の目標や意味づけに基づいた自己理解や選択により，より豊かなものになる。それぞれの人がたどり着く先が，個人のライフ・パターンの一部となったり，未来の一部ともなる。

こういったライフ・キャリアの展望は壮大であり，かつ曖昧である。なぜかというと，ライフ・キャリアは，否応なしに具体的なライフ・イベントをもとにつくられるからである。

理論家，研究者，カウンセラーとしてのスーパーに求められることは，概念を考案し，ツールを開発し続けることである。その概念とツールにより，カウンセラーは，多様なクライエントとの間で，そしてさまざまなカウンセリングの場面で，ライフ・イベントを具体的に検討できるようになる。

スーパーの最近の研究対象は，ライフ・キャリアを特徴づける多重役割にある。よくあることだが，人は「私は誰？」という質問に答えることを求められると，「労働者」「パートナーもしくは配偶者」「親」などの他者に対する責任や他者との関係について手短に説明する。

スーパーは，役割特徴に関する仕事として，いくつかの一般的な役割を定義したり，カウンセリングの実践や研究で活用されるのに適切な尺度を開発したり，キャリアカウンセリングの発達的アプローチを推奨している。

私は，本章で，スーパーの役割特徴の研究について説明し，それから彼の考え方を裏づけるものとして，多重役割におけるジェンダーの問題に関する最近の理論や研究を紹介する。

役割特徴とは何か？

一般的に言って，発達的キャリアカウンセリングでは，さまざまな多くの視点から，ライフ・ヒストリーの背景にある仕事の意味を理解しようとする。

人の行動には目的があり，その目的とは，自分自身がいる世界を意味づけようとすることであったり，個人的に意味のある人生目標を達成しようとす

ることである。

　人は自分自身の興味，能力，優先順位などについて語るが，一人一人を見ると，そういったさまざまな特徴が一体化した固有な状態で働いている。

　一人一人の生活構造や生活に対する意味づけを理解するには，賃労働での役割も含めるが，それ以上にさまざまなライフ・ロールとのかかわりを検討する必要がある。

　ジェプセンのイメージは示唆に富むものであり，「一本のロープのなかに糸がより合わさるように，仕事上のキャリアがライフ・ヒストリーに埋め込まれている」と説明している。

　スーパーの理論によると，一本のロープは，9種類の一般的に主要とされる役割から構成される。この役割は，生涯のなかで，人が特定の時期や期間に演じる役割のことである。それらは，「息子もしくは娘」「学生」「レジャー」「市民」「労働者」「配偶者」「主婦」「親」「年金受給者もしくは恩給受給者」である。

　「ライフ・キャリア・レインボー」は，人が生まれてから死ぬまでの間，これらの役割が，その期間や情緒的な関与の視点から，ライフ・キャリアをどのように構成するのかを視覚的に描写したものである。

　役割の重要性は3種類の基準から決定することができる。

(a)　役割コミットメント：役割への情緒的な関与。
(b)　役割参加：役割に実際に費やした時間やエネルギー。
(c)　役割知識：役割における直接的もしくは代理的な経験により獲得した知識。

　役割特徴という用語は，役割コミットメント，役割参加，役割知識の特徴間でのさまざまな組み合わせと関連する。

　役割特徴，とくに「労働者」としての役割特徴を評価することは，次の3つの観点から重要である。まず，キャリア成熟やキャリア適応性という考え

方を伴う発達的キャリアカウンセリングの観点である。ついで、仕事に求めている価値観の観点である。そして、満足度の高いキャリア選択に影響を及ぼす諸要因の観点である。

スーパーによると、キャリア選択は、はっきりと特定することはできないが、最小限度の役割特徴が必要不可欠であるという。例えば、仕事の役割特徴の低いクライエントは、キャリア選択よりも、仕事に対する意識を高めたり、興味をもたせたりする必要があるだろう。または、仕事の役割の代わりとなるライフ・ロールに注意を向けるといった選択も考えられるだろう。

スーパーによると、発達的キャリアカウンセリングを受けているクライエントは、どのように仕事が他のライフ・ロールと適合するのか、そして、自分自身の価値観が一般的なライフ・ロールと、どのようにかかわっているのか、といったことも検討すべきであるという。

ネヴィルとスーパーの1986年の研究による役割特徴目録（SI）は、キャリアカウンセリングにおける上記の2つの機能を明らかにするため開発された。役割特徴目録は5種類のライフ・キャリアの役割に焦点を当てる。それらは、「学習」「仕事」「コミュニティ・サービス」「家庭と家族」「レジャー」である。5種類の役割のそれぞれについて、役割特徴を構成する次の3種類の要素を測定する。

(a) 役割参加

それぞれの役割ごとに、あなたが実際にしたり、最近、やったことを尋ねるものであり、行動的要素である。

(b) 役割関与

それぞれの役割に対し、あなたがどのように感じているのか、尋ねるものであり、感情的要素である。

(c) 役割価値期待

5種類の主要なライフ・ロールごとに、あなたが求めている価値観を尋ねるものであり、情緒的な側面にも焦点を当てる。

役割特徴目録の最終版では，スーパーやネヴィルの包括的で有用であり，かつ簡潔的な価値観尺度から選択された 14 の価値観を含んでいる。

役割特徴目録は，ライフ・キャリアにおける 5 種類の役割ごとに，一連の文章（例えば，「私は○○で時間を過ごした／過ごしている」という文章である。○○には，5 種類の役割が入る。役割が「仕事」の場合だと，「私は仕事で時間を過ごした／過ごしている」という文章になる）からなる質問項目から構成されたものである。

回答者は，それぞれの質問項目が，どの程度当てはまるのか，1 点（「決してない」「めったにない」「ほとんどない」「まったくない」）から 4 点（「ほとんどいつもある」「いつもある」「非常に多くある」）までの 4 段階で，ライフ・キャリアにおける 5 種類の役割について，1 つずつ評価していく。

役割特徴目録では，役割参加に関する 10 項目が最初に提示される。続いて役割関与に関する 10 項目である。それから役割価値期待に関する 14 項目が続く。上述した 14 の価値観のそれぞれについて，1 項目ずつ作成されている（例えば，美意識の価値観に関する項目では，「○○によって，生活をより美しくする」などであり，○○には役割が入る）。

解釈はイプサーティブ形式[*3]であり，一人一人について，役割間の相対的な重要性が検討される。クライエントは，役割ごとに役割参加，役割関与，役割価値期待を比較することもできる。

尺度の開発の経緯，信頼性，妥当性，米国での調査と国際的調査をもとに算出された平均値と標準偏差がマニュアルに掲載されている。役割特徴は，1978 年より進行中の国際的な研究プロジェクトの中心的なテーマである。

訳者注*3：ここでいうイプサーティブ形式とは，クライエント一人一人について，役割間の相対的な重要性を検討することである。

カウンセリングにおける役割特徴の評価

　ネヴィルとスーパーによれば，役割特徴目録はさまざまな目的で利用することができる。例えば，役割特徴の個人差や文化差の分析，個人の時系列的変化の追跡，多重役割の理解，役割に含まれる価値の検討などである。

　5種類の役割間の違いや，一つ一つの役割ごとに役割参加，役割関与，役割価値期待の水準を検討することにより，興味深い洞察をすることができる。

　例えば，ネヴィルとスーパーによれば，仕事に多くの時間を費やしても（役割参加の程度が高い），その仕事への役割関与の程度の弱いことがあるだろうし，その一方で，特定のキャリアへの役割関与が強くても，そのキャリアの選択を実際に行動化するまでに至らない（役割参加の程度が低い）ことがあるだろうという。

　彼らは価値観がさまざまな方法で実行に移されることも言及した。例えば，コミュニティ・サービスにかかわって，そこで業績を上げたり，労働者という役割を通して，社会との結びつきをもつなどである。

　彼らは，個人の役割特徴に関する情報を活用すると，他のキャリア尺度の解釈が適切なものになるだろうとも言っている。例えば，職業興味検査で，突出した興味がないフラットなプロフィールの結果について，その人の仕事の役割特徴が低いから，というように解釈できるだろう。

　スーパーと彼の同僚らは，1992年の研究で発達的キャリアカウンセリングのテスト・バッテリーを組むために，いくつかの組み合わせを推奨している。この組み合わせでは，役割特徴目録は通常，後の段階でのアセスメントという位置づけにある。そうすることにより，発達段階，適性，興味・価値観に関する評価に，幅と深さをもたせることができる。

　例えば，役割特徴目録の結果を解釈することにより，特定の興味や価値を追求するための役割を明らかにすることができるだろう。他の役割を開発するという選択につながって，職業を探すことをやめてしまうこともあるだろう。

役割特徴目録を活用して役割特徴を評価することについて，その実用可能性の範囲を確定することはむずかしい。専門家は，役割特徴目録の活用の有無にかかわらず，クライエントにとって，重要な役割の範囲や役割間のバランスを検討することにメリットがあると認めているように思われる。

　ブラウンとブルックスによると，さまざまなライフ・ロールの間で，「調和とバランス」を求めることによって，「生活が全体的に統合される」という。同様にマイナーは，クライエントの生活において，役割間で，どのような相互作用があるかを検討する必要性について強調した。

　ジェプセンによると，複数の役割の組み合わせが生活を特徴づけていることを理解することは，発達的キャリアカウンセリングでは大切であるという。クライエントは，さまざまな役割について，まとまりのある全体へと，どのように統合しているのかを検討することにより，自分自身の生活について，よりよく理解することができ，自分自身の新しい可能性をつくり出すことができるという。

　ブラウンとブルックスは，役割の優先順位や役割間の相互関係を調べたいというカウンセラーの願望をかなえるために，いくつかの役に立つ技法を提案した。

　シンプルに，カウンセラーがクライエントに，ライフ・ロールをリストアップするように頼んでもよいし，それぞれの役割に費やした時間を聞いてもよいだろう。その結果，個人の価値観に照らして，役割は順位づけされるだろう。ついで，どの役割が葛藤状態にあるのか，反対に補い合ったり，強調し合っているのか，クライエントと話し合ってもよいだろう。

　カウンセラーは，クライエントに，さまざまな空想や役割を明らかにするエクセサイズを通して，必要な役割や避けたい役割を明らかにしてもらうことにより，未来のライフ・ロールについて考えてもらってもよいだろう。

　また，役割を図にして整理したり，時間の流れに沿って整理したりしてもよいだろう。最も有名な図で役割を整理したものは，スーパーのライフ・キャリア・レインボーである。この図を活用すると，クライエントは自分自身

のライフにおけるテーマや出来事について，その意味を理解できるようになる。

役割特徴とジェンダー

　役割特徴の構成概念は，スーパーのライフ・キャリアの考え方から，論理的に導くことができる。その考え方とは，個人が創造的に環境と影響し合う，そのプロセスの説明である。

　スーパーは，持続的な自己概念を重視しているにもかかわらず，こういった個人的な特徴を，ライフ・キャリアの唯一の決定要因として考えようとはしない。スーパーの言葉を借りれば，個人は，「自分自身が生活し，機能している社会経済的状況や社会構造に対する評価をもとに，自分自身の性格を選択する」という。役割の嗜好性は，ジェンダーに対するステレオタイプである「社会的伝統」など，個人の外にある多様な要因に影響を受ける。

　男性と女性で，モデルとなるキャリアパターンが違うことは，明らかである。その違いは，仕事と，仕事以外の役割の間のバランスの問題である。

　役割特徴の研究から得られたデータによると，予想どおり，女性は男性と比べて，日常的に家事の役割に，より従事していることが報告されている。しかしながら，家事に対する責任や期待には，大きな違いはない。

　一般的に言って，米国の大学生や成人の間では，家事と仕事の役割特徴は競合関係にある。

　性別によって，情緒的な関与の程度や価値観については，それほど違いがみられないのに，ライフ・キャリアのパターンに違いがみられるのは，なぜだろうか？

　ジェンダーは，個性，社会的環境，そして両者のかかわりを大きく左右する。そうやって，ライフ・キャリアにも強い影響を与えている。

　男性と女性の間で，ライフ・キャリアに違いがみられることは，よくあることだが，それは生物学的な違いによるものではない。生まれてから死ぬま

での間，社会が性による区別を私たちに期待し，そのように性格づけるのである。

しかし，同じ性別であっても，人によってライフ・キャリアに違いがみられる。この違いは，個人によってライフを築くプロセスが複雑であることを示している。そのプロセスには，さまざまな可能性と制限が関係している。

ジェンダーは，役割に優先順位をつけたり，時間の流れのなかで，役割が顕在化していくプロセスに影響を及ぼす。具体的には，個人が，どのようにしてさまざまな役割を理解し，成人期になると，どうやって役割のやりくりをするのか，ということである。こういったことが検討されると，おのずと仕事と家事の役割に注意が向けられるようになり，最近の理論や研究へとつながっていく。

本章で取り上げる文献は，スーパーの研究とのかかわりが明確でないものもあるが，彼の役割特徴の考え方と矛盾するものではない。彼の考え方を改訂するというよりも，むしろ豊かなものにする文献である。

ジェンダーとキャリアパターン

スーパーは，最も初期の研究から，長期的な視点で，キャリアパターンに性別の違いがあることを理解していた。この性別の違いは，女性が家事に深くかかわっていることと関連している。

最近になり，賃金労働者として働く女性が増えているにもかかわらず，基本的なパターンは，少ししか変化していない。つまり，女性は，賃金労働者という役割へのかかわりが，まずは強くなるが，その後で弱くなるというように，生涯全体で変化していく。その一方で，子育てや家事の義務に対しては，大きな責任を負い続け，生涯全体で変化がない。

男性は，一般的にいって，成人期になると，フルタイムの労働者としての役割を続けること（自発的な失業を避けること）が当然であると思っている。その一方で，家事や子育てへのかかわりは，実質的には変化がない。

大学生を対象とした最近の調査は，こういったライフ・パターンの根底にある態度は，現在も変わりがないままであることを示している。

　役割のなかには，性別ごとに社会的に強制されて実行されるものがある。そういった役割の実行が，中心的なアイデンティティとして考えられている。例えば，男性にとっての賃金労働であり，女性にとっての家事や家庭における役割である。

　そういった役割に対する責任は，ジェンダーの枠組みのなかで，とても強固に埋め込まれているため，そういった役割ができないと，逸脱の兆候としてみられる。男性が仕事の役割を負うことができない場合，とくにあてはまる。

　女性の場合，賃金労働とのかかわりは，自由裁量の余地が大きい。しかし，一般的にいって，賃金労働の役割は，家事や家族への責任の代わりとなるものでなく，そういった責任に加えた付加的な位置づけにある。こういった性別の傾向は，キャリアへの関与の度合いがともに強い夫婦でさえも同様である。

　雇用主は，女性が最もかかわる役割が家事であるという考え方を表明することが多い。女性が家事をすることへの期待，そして男性は，それほど家事にかかわらなくてもよいという期待は，労働力としての女性の働きの機能や質に影響を及ぼす。こういった役割の実行を規定する社会的な枠組みのせいで，多くの男性が家庭での役割を軽んじてしまうということも起こる。

　カウンセラーは，役割への関与が必然的に行動につながると考えてしまうことに注意しなければならない。例えば，男性は，子どもの生活に，より積極的にかかわることを望んでいるかもしれないが，雇用主らは，子どもの生活に積極的にかかわることにより，仕事へのかかわりの程度が弱くなるならば，その男性を常識に外れた人とみなすだろう。

　クロスビーやジェイスカーが深刻で慢性的な時間の窮乏と名づけている感覚に，女性は苦しんでいる。しかし，夫からの助けは，ほとんどないということがよく起こる。実際には，女性の負担を減らすのは，雇用主の人事・労

務管理政策である。

　役割の実行について調整することは，男性と女性の双方にとって，とても負担が大きいか，もしくはむずかしいように感じることだろう。こういった多重の役割を実行するため，どのような支援があるかによって，キャリアの現実的な選択が左右されるだろう。

役割の有意味性

　スーパーは，最近になり，自己概念を捉える際，パーソナル・コンストラクトという用語を好んで使っている。パーソナル・コンストラクトという用語は，個人が環境との相互作用に基づいて，自分自身の生活について，独自の意味づけをすることを強調する。

　多様な役割に対する個人の受け止め方も，ジェンダーに左右される。上述したように，ジェンダーと賃金労働者の役割のつながりは，男性にとっては，とても強いものである。というのも，伝統的なジェンダーの考え方として，男性にとって，賃金労働は中心的な役割として位置づけられてきたからである。

　男性にとって賃金労働が中心的な役割であるがゆえに，彼らは生活費を稼ぐことによって，家族の役割を十分に果たすことができると信じていたのかもしれない。

　こういった男らしさに対する伝統的な見方では，男性は，家庭や家族へのかかわりを現実のものにするため，必然的に賃金労働に深くかかわろうとしたのだろう。

　このことについて違った見方をすれば，男性が家族に強くかかわることは，女性のような家族の役割に対する責任を負うことではない，ということである。

　ジェンダーとしての役割と労働者の役割との関連性は，女性の場合，男性のそれと根本的に違うのである。一般的にいって，女性にとって，よい妻も

しくは主婦であることの定義は，家庭から離れて賃金労働をすることと，ほとんど関係がないのである。ただし，女性が扶養家族や自分自身のためにお金を稼がなければならない場合を除く。

　実際，ジェンダーの伝統的なイデオロギーでは，賃金労働の役割にかかわることと，家事を基本とする役割を達成することは，相入れない関係にあり，それは男性の場合も同様である。

　現在でも，労働者と家事の両役割の関係は，男性と女性で違うものであり，夫婦がともに賃金労働に従事していても同様である。多くの世帯では，男性が一家の大黒柱としての責任があり，男性自身もそういう認識をもっているが，女性の場合は，家事の主要な責任者であり，日常の子育ての義務を背負っていて，それでいて稼ぐこともする人とみられる。

　女性の家族への貢献を認めることは，中流階級や白人の世帯にとって，とくにむずかしいことだろう。ともに専門職に従事している夫婦でさえも，男性は家事をすることを，援助（誰に？）と受け止め，女性は家事をすることを，必要不可欠な義務として受け止める傾向がある。

　現在では，成人が，ジェンダーにかかわりなく，役割の責任を分かち合ったり，バランスをとるなどして，さまざまなライフ・ロールにかかわるようになっており，役割に対する見方が，より多様化する傾向にある。

　カウンセラーは次のことに注意すべきである。男性と女性が，同様な特徴をもつものとして，主要な役割を報告するかもしれないが，それらの役割の定義や実行の仕方は，男性と女性で違うかもしれないことである。そして，こういった違いは，女性として，あるいは男性として，自分自身をどのように見るのか，ということに左右される。

　行動を変えることが，実践的な方法のように思えるかもしれない。しかし，そのほかにも，ジェンダーによる役割を否定する気持ちになることや，あるいは，新奇すぎてこれまで考えて来なかったような役割について，それをやろうと自分で自分自身を励ますというやり方もあるだろう。

　カウンセラーは次のことをクライエントに尋ねてもよいだろう。それは，

クライエントが重視している役割が，どのような意味をもっているか，ということである。カウンセラーにとって，驚くような解答が返ってくることを心しておいたほうがよいだろう。

クラインとカワンによると，賃金労働と家事に付随する意味は人それぞれであり，私たちは，その意味がどのようなものか，わかっていないということである。

クライエントは，まだ実行もしていない役割に，心理的に深くかかわっていることがあるかもしれない。もしくは，第三者がみたら，とても重要であると思われる役割に対して，本人は重視していないことがあるかもしれない。

クライエントが役割に対し，個人的に抱いている意味について，より詳細に聞くことにより，解決の糸口をつかむ可能性が高まることがあるだろう。

役割をやりくりすることの重要性

いくつかの役割をこなすことは，成人の日常生活の特徴である。セカランとホールが指摘したように，誰もが複数の役割をやりくりしている。複数の役割の組み合わせは，生活全体の満足感に貢献するように思われるし，1つの役割では不可能なやり方で，適応に貢献するようにもみえる。

スーパーが気づいたように，複数の役割をこなすことが，役割間の葛藤にもつながる。個人にとって，複数の役割をこなすことは，どのくらい負担になるのだろうか？

一般的にいって，女性が家事の責任に加え，賃金労働をすると，強いストレスを感じることが想定される。この仮説の背景には，家事の役割は，女性にとって「自然なもの」であり，ストレスがかからないということがある。その一方で，賃金労働の役割は，そうはならない。

クロスビーとジェイスカーによると，複数の役割をこなす女性が，そうでない女性と比較して，ストレスが必ず強くなるということを示した研究はないという。多くの女性にとって，複数の役割をこなす喜びが，その負担に勝

っているという。この場合，負担とは，時間がかかることであったり，実際に活動することである。

　仕事と家庭の両方の役割をこなしている男性は，ある意味，女性とは違うものがある。なぜならば，家庭の役割に対する関与の程度が，女性と比較して小さいからである。そういうこともあって男性は，家事をすることの負担と同じぐらい，家事をすることに，より恩恵を受けていると報告するのである。

　個人は，複数の役割をどのように管理し，どのようにこなしているのだろうか。こういったプロセスは，さまざまな要因によって影響を受けるが，具体的には，「配偶者の態度や行動」「役割特徴」「結婚生活の満足感」「労働の性格や条件」などである。

　複数の役割に対し，葛藤状態にあると受け止める人もいれば，相互に促進状態にあると受け止める人もいるだろう。葛藤状態と促進状態の両方と受け止める人もいるだろう。個人の抱えている役割が，その人の自己概念のなかで中心的なものでないならば，心理学的なストレスを感じるだけではなく，時間や活動上の負担を経験するだろう。

　専門家は次のことを認めている。それは，ジェンダーが上記のような要因と個人の幸福感との関係に影響を及ぼしていると思われることである。しかし，こういったことは，まだ明らかにはされていない。

　また男性と女性の間で，複数の役割間の葛藤状態を解決する方法は違うだろう。研究が示していることは，生物学的な「性」という視点からみると，女性は仕事と親業の役割の間でバランスを取ることが重要であるか，もしくは両役割に関する意思決定で，妥協点を見つけるようにすることが重要である。男性には，そういうことがない。

　一般的にいって，男性の場合，役割の葛藤状態の解決に際し，仕事の役割は影響を受けず，変化がない。女性の場合，家庭での役割として要求されていることに応えるため，賃金労働のほうを変更させていくことをよくする。

　反対に男性は，家庭の要求に応えるため，自分自身の仕事の仕方を劇的に

変えたり(パート労働やフレックスタイムへの変更),家庭の要求に配慮して,キャリア選択をするということをめったにしない。そういった調整は,男性にとっては,大きな心理的な負担になるだろう。家庭に強くかかわる男性は,仕事に満足しておらず,それを補償するため,家庭に強くかかわっているようにみえることがよくある。

　男性と女性の役割間の調整の仕方は,ジェンダーの役割として伝統的に期待されていることと対応している。修正される役割が,その人にとって,必ずしも重要性の低い役割というわけではない。逃れることのできない役割に対し,個人は最善の解決策を考えるか,あるいは唯一の解決策を考えているだけかもしれない。

　複雑に絡み合った役割を効果的にこなすには,他者からの支援が重要である。スーパーは役割を定義する際,同僚や家族などの他者との相補的な相互作用についてもふれた。

　役割の遂行により,どの程度,恩恵を受けるかということについては,他者からの支援の影響がとても大きい。こういったことは,役割の構造が,その人の生物学的な「性」と関連した役割と異なる場合,とくに重要になる。例えば女性が,その人にしかできないキャリアへの関与が強くて,親の役割をしないと決めるような場合である。あるいは,男性が主婦業に従事することを選択するような場合である。

　個人が役割から受ける恩恵について評価する場合,その評価は,比較のための準拠集団の影響を強く受ける。男性と女性では,家庭における役割特徴を比較すると,同じような役割にかかわっていても,その評価はかなり違う。

　カウンセラーは,クライエントが自分自身の役割を評価する際,次のように尋ねると効果的であることに気づくだろう。それは,「誰と比較しているのか？　何を基準に使っているのか？」である。

　スーパーは役割特徴目録(SI)の結果を解釈する際,イプサーティブ形式を強調する。このような解釈の仕方は,社会的比較を操作的にするようなものであり,クライエントにとって有用な洞察を提供するだろう。

結　論

　天才は，私たちの生活のなかで，あたりまえと思って見過ごしてしまうようなことであっても，そのあたりまえのことを，はっきりと言うことによって，新しい考え方を刺激する。スーパーの役割特徴についての研究も，これと同じである。

　例えば，成人の生活には，現在も，そして，いつの世であっても，避けられない役割がある。ほとんどの人にとって，それは賃金労働である。また，1人の人が抱えている複数の役割は時間の経過によって変化し，その1人の人が抱えている複数の役割は，人によってさまざまである。そういった役割を通して，人は自分自身の現在の生活に意味を見つけようとするし，未来に自分自身の夢を投影する。

　スーパーは，こういった役割に関することについて，わかりやすい言葉で，カウンセラーに説明した。カウンセラーは，そういった言葉を使うことにより，生活をやりくりするなかでジレンマに陥っているクライエントが，自分自身の道を見つけるように支援できるようになる。

　生涯のなかで役割は変化していくが，ジェンダーは，そのプロセスに影響を与えていることを，この章で説明した。

　私たちの社会はジェンダーによる違いが明白である。そういった社会では，伝統的に，日常生活における役割の重要性や役割との関係性といった観点から，男性と女性といった性の違いが，個人の担う役割を浮き彫りにすると考えられている。

　このように男性や女性といった性の違いにより，伝統的に考えられてきた役割という視点も重要だが，スーパーは，そういった考え方に一石を投じた。それは，ジェンダーに影響を受けつつも，一人一人を見ると，その役割が多様であるということである。

　カウンセラーは，男性や女性といった性の違いにより，伝統的に考えられてきた一般的な役割を，作業仮説として考えるべきである。すなわち，クラ

イエントが，そういった伝統的に考えられてきた一般的な役割を担っているという可能性に配慮しつつ，現代の男性や女性の役割という視点から，クライエント個人の役割に注意を向け，時には伝統的な役割を担っているという可能性を捨て去ることである。

　役割特徴について理解しなければならないことはたくさんある。例えば，女性のキャリア発達に焦点を当てた研究は，まだまだやられていない。家庭における男性の役割の研究も，ほとんどない。白人で異性間のカップルの家族に関する研究がほとんどである。個人の役割の多様性について，詳細な研究が必要とされている。

　さまざまな役割，とくに家庭や家族での役割について，その背景にあるコミットメントや責任の多様性を認識することも大切である。人によって，ある役割がとても重要であったり，反対に葛藤的で無価値であったりする。

　私は期待する。スーパーが，かつて私たちに気づかせたように，人間の経験の多様性を例外と考えるのではなく，それ自体が規則であると考えることを。そして，スーパーが私たちを勇気づけたように，クライエントが自分自身の生活の詳細について，理解を深めることを支援するための一般的な法則を見つけることを。

私のキャリアに影響を与えた
スーパー博士との出会い

●早稲田大学教授　三村隆男

　スーパー博士が最後に来日したときは私にとって大きな転換点でもあった。1990年，高校教員として文教大学（当時）の仙﨑武先生のもとで1年間の研修をさせていただいていた。前年，上越教育大学で仙﨑先生にお会いし，研修のお願いをしたのが先生との出会いの始まりであった。こうした経緯でスーパー博士の講演を運良く拝聴することができた。渡辺三枝子先生の素晴らしい通訳もあり，人がキャリアのうえで成長するということの素晴らしさを強く実感した。

　スーパー博士が示したアーチ型概念モデルは，その後，私にとって進路指導の6つの活動の関係性を構造化するきっかけとなった。また，1996年から始まった文部省委託研究「職業教育及び進路指導に関する基礎的研究」にて，「キャリア発達能力の構造化モデル」の開発に携わらせていただいた。本モデルについて仙﨑先生は「スーパー博士のライフステージやキャリア発達の考え方が，この新モデルを説明する理論的な枠組み」と位置づけた。これは2002年に文部科学省によって示された「職業観，勤労観を育む学習プログラムの枠組み（例）」の元になり，その後わが国のキャリア教育の発展に一定の寄与をすることになる。

　私ごとであるが，仙﨑先生とお会いした上越教育大学から大学教員としてのキャリアを歩み出す。そして，スーパー博士の *The Psychology of Careers*（1957）の邦訳の一文「職業指導とは，個人が，自分自身と働く世界における自分の役割とについて，統合されたかつ妥当な映像を発展させまた受容すること，この概念に照らして吟味すること，および自分自身にとっても満足であり，また社会にとっても利益であるように，自我概念を現実に転ずることを援助する過程である。」これは，私のキャリア研究の永遠の支柱となっている。

8 文化的な文脈におけるキャリア

▶▶▶▶▶▶▶▶▶▶▶▶▶▶▶▶ ナディア・フアード
コンスエロ・アルボナ
〔訳：下村英雄〕

　本章では，米国国内外のさまざまな文化におけるスーパー理論の研究をみていく。
　まず，スーパー理論は異なる文化においてもおおむねあてはまるが，尺度に関しては若干の問題があることを示す。また，本章では将来的な研究の2つの方向性についても述べる。1つは職業的課題としての民族的アイデンティティの発達，もう1つは発達的文脈主義に関する研究である。

　ドナルド・スーパーの発達的な職業心理学に関する研究は，各方面に大きな影響を与えた。とくに理論的なモデルとして学術的にも実践的にも示唆に富み，多くの研究者を刺激してきた。しかし，スーパーのモデルには問題が1つあった。それは，人種や民族性をキャリア発達の要因として十分に考察しなかったことである。
　ただ一方で，スーパー理論の強みは，文化的な変数をも取り込める柔軟性にもある。そこで，本章では，米国および米国以外の国で行われた文化の異なる集団におけるスーパーモデルの研究を概観する。とはいえ，ここでの目的はそうした議論を網羅的に行うことではない。むしろ，スーパーの理論がいかに異なる文化でも適用できたのかを示し，スーパーのモデルがいかに異文化に応用できるように洗練されてきたのかを議論することにある。
　スーパーは，初期の論文から最近の論文に至るまで，人種，民族，社会経済的地位（SES）がキャリア発達に与える影響を十分に認識していた。スーパーは，ライフ・キャリア・レインボーや最近のアーチモデルでも，キャリ

ア発達が，個人的な要因と社会経済的要因，その他，学校・家庭・地域・労働市場等の環境的要因とのダイナミックな相互作用によって生じることを指摘していたのである。とりわけ，社会経済的-環境的要因は少なくとも2つの方法でキャリア発達に制約を与えるとしていた。機会を与えたり閉じたりすること，そして，職業概念と自己概念を形づくることである。

キャリア成熟

　多くの研究が，スーパーの概念が白人以外の人種でも有効であることを示そうとしたが，その多くはキャリア成熟の概念，つまり，発達的に望ましい職業課題を達成するには，どういう個人の資質が重要なのかに関するものであった。

　まず，スーパーが初期に行ったキャリアパターン研究（CPS）では，社会経済的地位がキャリア発達に与える影響を検討した。しかし，社会経済的地位と学校時代の男子の進路選択行動にはほとんど関連がみられず，高校のころにわずかに社会経済的地位とキャリア成熟に関連がみられただけであった。また，こうした結果と一致する研究として，ディラードとペリンは，1980年の研究で，社会経済的地位は，黒人・ヒスパニック（プエルトリカン）・白人の青年のキャリア成熟・キャリア志望・キャリア探索に正の影響を与えるが，その影響は小さいことを示した（社会経済的地位はそれぞれ5%，3.3%，3.2%の影響しか与えなかった）。

　その他，異文化集団のキャリア成熟により特化した研究もあるが，そうした研究でもキャリア成熟の測定結果と実際の行動にはほとんど関係がみられなかった。

　これらの研究結果からは，発達課題という概念は，白人以外の人種でも妥当なのかという疑問が生じてくる。例えば，ロドリケンズとブラッカーの研究では，プエルトリコ人女性に対してキャリア支援を行った。その結果，キャリア発達目録（CDI）で測定されたキャリア成熟得点は上昇したが，しかし，

意思決定スキルにはほとんど影響がなかった。

　また，ウエストブルークとサンフォードの研究でも，キャリア成熟目録（CMI）の態度スケールの得点は白人学生のほうが黒人学生よりも高かった。しかし，こうした得点の高さは個々の学生の進路選択の適切さとは無関係だった。ちなみに，ウエストブルークらの研究グループは，先行研究においても，黒人学生のキャリア成熟の認知的側面に関する測定結果は，選択の適切さおよび自己評価の正確さとは関連性が乏しいことをすでに示していたのである。

　ウエストブルークとサンフォードの研究結果は，夏休みの就労プログラムに参加した黒人の高校生に関するフアードとキーリーの研究結果とも一致している。この研究では，黒人の高校生は，その他の高校生と比べてキャリア成熟態度の値が低かった。しかし，黒人の高校生のキャリア成熟態度は，時間の正確さ，責任感，出席日数といった職業的成熟に重要な行動とは統計的に有意な関連がみられなかった。

　フアードとキーリーは，キャリア関連の態度と行動の間に一般に想定されているような関連性は，黒人の生徒にはみられなかったとしている。そのうえで，マイノリティの青年が発達課題を達成していないということではなく，むしろ，キャリア成熟の現在の測定方法のほうに問題があると述べる。

　もともとスーパーはキャリア成熟を単一な概念でも単純な概念でもないと考えていた。この点はあらためて重視する必要がある。例えば，スーパーとネヴィルは，社会経済的地位や人種が異なるさまざまな青年が含まれる大きな集団では，仕事に対する意識は，性別や社会経済的地位以上にキャリア成熟の強い予測因となることを示した。ただし，この結果は，生徒や労働者といった何らかの役割が意識されているかぎりにおいては，さまざまな人種および社会経済的地位の集団で，スーパーの発達理論は妥当であるということを示すにすぎない。

　むしろ，社会経済的地位や人種がキャリア発達過程にいかなる影響を与えるのかを明確に示すためには，より多くの研究が必要となる。

例えば，スーパーの発達段階理論を，進学やキャリアの予定が目の前に迫っているマイノリティの青年に適用することを直接検討した研究もある。ブリングトンとアルボナの研究では，夏の補習プログラムに参加した労働者階級出身の4人のメキシコ系米国人の高校生（男子と女子2名ずつ）に半構造化面接を行った。この研究では，これら4人の若者たちが，どの程度，スーパーの理論にそった形で正しく職業的課題に取り組むのかを検討できるように計画された。研究の結果，生徒たちは，おおむねスーパーの理論にそった形で，この年齢集団に仮定されているようなキャリア発達の探索段階を示す課題に取り組んだ。そのうえ，生徒たちは，スーパーのキャリア成熟概念の重要な次元である計画性も探求も現実性も，はっきりと兼ね備えていることを示した。

　レオンとセラフィカの研究でも，スーパー理論のアジア系米国人への応用を検討した。その結果，スーパーの理論はアジア系米国人のキャリア発達過程を考える際にも有益な枠組みを提供するとしている。ただし，文化的な価値観の違いは社会的に求められる役割とも関連するため，アジア系の米国人は，ヨーロッパ系の米国人に比べて発達段階の進み方は遅い可能性があること，また発達課題の内容は文化によって異なることについて注意を促している。彼らは，アジア系では集団主義が強調されることを考えると，アジア系の米国人にとっては，キャリア発達の過程で自己概念を実現することは白人の米国人よりもさほど重要なものではないということも指摘している。ただし，これらの仮説は実証研究によってさらに検証する必要があると結論づけている。

　キャリア成熟は，米国国内の異文化集団だけでなく国の枠を超えても検討されており，イスラエル，カナダ，南アフリカ，レバノン，ナイジェリアなどでも研究が行われてきた。これらの研究では，青年たちはおおむね同じ発達段階をたどるが，その進み方はそれぞれ異なることを示した。例えば，キャリア成熟は学年に従って増加したが，性別によっても（男子の得点は女子よりも高かった），地域によっても（都市の生徒の得点は地方の生徒の得点よ

りも高かった）異なっていた。フアードは，先行研究は総じてキャリア成熟概念が文化を超えても成り立つことを支持していると結論づけるが，発達の速さの違いを生み出す変数を見つけるには，いまだ多くの研究が必要であると述べている。

国際的な視点

スーパーは，国際的な研究にかなり関心をもっていた。イギリスやフランスでも研究に時間を費やし，自分自身の理論にこだわることなく，さまざまな文化でキャリアカウンセリングに関する問題を論じた。また，1980年代には職業価値観に関する国際研究も行った。これは現在も行われている。さらに，最近では，ロー，仙﨑，スコリコフとボンドラセックなどの著者による3つの論文が，スーパーの研究の国際的な影響力の強さを示唆している。

まず，スコリコフとボンドラセックの論文では，独立国家共同体（旧ソビエト連邦）におけるキャリア発達研究の状況について述べている。彼らはスーパー理論の前提となる仮定が，どの程度，その国の政治的・経済的・社会的環境と関連しているかを検討した。例えば，スーパー理論は，経済，労働力，組織の安定性のほか，意思決定を行う個人の視点をかなり重視する。この仮定は，ソ連では明らかにあてはまらない。ソ連では社会主義から市場経済へと急速に変化しており，結果的に経済や社会は不安定なものとなっている。そのため，ソ連では，現在起こっている急速な社会変化とキャリアに向かう個人の態度や行動との間に不一致が生じている。個人の態度は急激には変化しないからである。そして，青年や成人におけるこの不一致の影響を検討した結果，「キャリアを伸ばしていくための大きな文脈，個人とその文脈との相互作用，個人を変化させるためのキャリア発達」に関する研究がもっと必要であると述べる。

ローの論文では，マッチング理論からキャリア教育的なアプローチに至るイギリスの過去80年間のキャリア教育・キャリアガイダンスの理論的な基

盤について述べている。彼は，1960年代後半のイギリスにおける素朴なマッチング理論の否定およびキャリア発達における自己の役割の再認識に，スーパーのキャリア発達理論は貢献したと述べる。また，有給の雇用以外のさまざまなライフ・ロールにキャリア概念を拡張したことについても論じている。ただし，当初，キャリア選択における自己概念の実現が重視されていたことについては注意を促している。なぜなら，自己の無限の可能性を重視することは，必ずしも，求人が少なく社会階層の壁が厚いイギリスの社会経済的な条件に合致しないからである。ローによれば，イギリスにおけるキャリアに対する現在のアプローチは教育的なアプローチであり，キャリア発達は3つの領域で学習されるべき行動として概念化されている。その3つとは，(1)自己と機会，(2)自己と機会の視点の理解，(3)自分自身の行動の責任を受け入れることである。これらの領域は，スーパー理論の構成概念ときわめて類似している。例えば，自己と職業世界の探索，自分の価値と欲求，キャリア意識，意思決定レディネスなどと対応している。

　仙﨑の論文では，日本のキャリア教育の歴史についてとりまとめている。そこでは，1961年と1969年のスーパーの2度の来日が日本のキャリア教育運動にとって重要だったことが特筆されている。仙﨑は，発達的アプローチについて，「物珍しかったが，歓迎され，結局は実りある手法として，日本のガイダンスプログラムに取り入れられた」と述べている。そして，発達的アプローチは進路実践に革命をもたらし，生徒の職業的発達を促進するのに役立ったと述べている。最近は，生涯にわたる個人の発達に注意が向けられるようになっているが，こうした変化は，核家族化の進行，雇用の流動化，自己責任の強調といった最近の日本の社会的な変化を反映している。

　このようにスーパー理論は，明らかに国際的にも，キャリア発達の領域の基礎を提供してきた。ロー，仙﨑，スコリコフとボンドラセックの論文は，いずれもスーパーの概念が文化を超えて普遍的であることを立証すると同時に，それぞれの社会的・文化的・経済環境に応じて概念を修正し，応用した重要な研究であったといえる。

将来の方向性

　スーパーの理論に関する異文化間研究のレビューからは，大きく2つの将来的な研究の方向性が考えられる。1つはある種の発達課題である民族的アイデンティティの発達に関する研究である。もう1つは職業的発達が生じる文脈に関する研究である。

　民族的アイデンティティの発達は，マイノリティのキャリア発達に影響を与える重要な発達課題であるとアルボナは指摘している。例えば，ブリングトンとアルボナの1991年の研究では，メキシコ系米国人の若者にとって人種の問題はきわめて重要であることが示された。その若者たち4名は，現在の生活について語り，将来の計画について考える際，ヒスパニック系の特徴をネガティブな形で意識していたのである。そして，自分たちの人種について誇りからアンビバレント，無関心に至る一連の複雑な感情があることを述べていた。

　また，似たような議論としては，レビンソンの成人発達のモデルに関するものもある。レビンソンのモデルは，さまざまな職業，さまざまな社会階層の黒人の経験と合致するものであったが，彼らの生活に対する人種の影響は説明していないとされてきた。黒人男性にとって，黒人としての自分（民族的アイデンティティ，人種アイデンティティ）という感覚に折り合いをつけること，自分の人生における人種のもつ意味を考えることは，それ自体，課題となるのである。

　こうした民族性や人種アイデンティティについての知見，理論的・実証的な先行研究を考え合わせると，民族的なアイデンティティの感覚を発達させることは，さらなる発達的な課題となる可能性が高い。つまり，マイノリティは，職業的アイデンティティを達成すべく自己を確立する過程で，民族的なアイデンティティとも格闘する必要があるのである。したがって，スーパーの理論を，より民族的なマイノリティに適したものにする1つの方法は，民族的アイデンティティの形成が，どの程度，民族的アイデンティティと直接

かかわるような職業的な課題を解決する発達的課題となるのかを検討することである。

　エリクソンによれば，青年後期のアイデンティティの発達で重要となるのは，職業的なアイデンティティの選択である。同じような意味で，キャリア発達理論では明確で統合された自己の感覚をもつことによって職業的な計画の明確化が容易になると考える。それゆえ，民族や人種がどの程度マイノリティの青年の自己意識にとって重要となるかは，職業的アイデンティティの発達に影響を与える。こうした類の問題に関する議論としては次のようなものがある。すなわち，民族的アイデンティティ・人種的アイデンティティの感覚をもつか否かはどのくらいキャリア課題に関連があるのか。キャリアの探索やキャリア計画に対する関与といった職業的発達課題の達成は，どの程度より一般的な自我同一性のプロセス，とくに民族的・人種的アイデンティティと関連しているのか，などである。

　一般的な自我同一性の発達とキャリア発達との関連を検討した研究では，エリクソンの自我同一性の発達モデルをマーシャが操作的に定義したものが使われた。マーシャは，同一性拡散，早期完了，モラトリアム，同一性達成の4つの自我同一性地位で，人を記述できるとした。白人大学生に関する研究では，こうした自我同一性の発達のレベルは，キャリア探索・職業的な関与，キャリア意思決定スタイル，職業目標・能力・才能の明確化と関連することが示された。こうした研究とあわせる形で，フィニーは，マーシャの自我同一性地位に基づく民族的アイデンティティの発達モデルと尺度を示した。そして，フィニーらの研究グループは，マイノリティの青年では，民族的アイデンティティの達成は，むしろ心理学的な適応，自我発達，自己評価と関連していることを示した。

　以上のとおり，最近の研究の知見は，白人大学生では自我同一性とキャリア変数に関連がみられるが，マイノリティの青年では民族的アイデンティティは心理的健康と関連することを示している。これらの知見によって，民族的アイデンティティとキャリア発達過程の関連を検証する枠組みは，一般

的な自我同一性の発達研究の文脈でマーシャのモデルによって提供されるということが示唆される。

なお関連する研究分野としては，関係性のアイデンティティ，すなわち，分離した対象としての自己ではなく，他者との関係における自己の研究がある。フォレストとミコライティスは，男性と女性ではキャリア発達は異なるが，それは女性は他者とのかかわりで自分を定義するが，男性は他者とは分離したものとして自己を定義するからだという仮説を述べている。したがって，職業選択を自己概念を達成するためのものとして考えた場合も，男性と女性では意味合いが，かなり異なる。男性は他者とは独立に職業やキャリアを選び，他者と分離した自分を定義するようなキャリアを選ぶ。それに対して，女性は他者と自分を関係づけるようなキャリア，他者と適応的な関係をもてるようなキャリアを選ぶ。こうした考え方を，ピエールクックの論文はさらに深く検討した。彼らは，「自分の生活の性別的な文脈を形づくる」仕事において，男性と女性がそれぞれ直面する違いについて論じた。スーパーの理論は，他者と分離した自己の実現を仮定していた。しかし，自己の定義における性差，および他者とのかかわりの中での自己は職業選択に大きな影響を与える。

他者とのかかわりの中での自己に基づく職業選択は，さまざまな人種およびマイノリティ集団にとって正しいように思われる。個人の業績に最も価値を見いだす文化的な集団は，白人である。それに対して，その他のほとんどの文化集団は，集団的な目標，つまり他者とのかかわりにおける自己に高い文化的価値を置く。これは職業の選択にも密接にかかわる。家族の期待や責務とあったキャリアを選ぶか，もしくは，望ましい関係を築けるようなキャリアを選ぶからである。

人種的アイデンティティの発達にかかわる問題は，自己概念およびキャリア発達過程の特定の側面（例えば，発達段階の進みぐあい，特定の課題の内容など）にいかに影響を与えるのか。これを検討することが，スーパーのモデルを人種的なマイノリティにもあてはまるよう拡張するための通り道（手

段）となるのである。

　ボンドラセックらは生涯キャリア発達に対する発達的文脈主義を提起し，個人のキャリア発達における社会経済的な要因および文化的な要因の影響を検討する枠組みを提供した。このパースペクティブは，人どうしの関係だけでなく人と環境との関係の点からも発達過程を概念化する。論者によっては，青年期における社会的・文化的要因とキャリア発達との相互作用を検証するためには，これらの要因が職業的社会化の3つの面に与える影響を検証する必要があると述べる。その3つとは，(a) 子どもや青年が行う活動，(b) 家庭，学校や職業のようなその他の社会的な文脈における対人関係の質，(c) 若者が何らかの役割を見たり体験したりする機会である。

　人と環境は互いに複雑な形で影響を与え合う。したがって，発達的文脈主義のモデルの観点から研究を行うにあたっては，縦断的な手法および質的な手法が求められる。そのことによって，人と環境との相互作用を観察し，記述することができる。発達的文脈主義のパラダイムにそった研究は少数だがある。例えば，ヤングらの研究グループは，半構造化面接法を用いて，中間層の白人の親が子どものキャリア発達に影響を与えるために行う意図的な行動を10のカテゴリーに分類している。その他，ブリントンとアルボナの研究では，先述したとおり，半構造化面接法を用いて，メキシコ系の米国青年がどの程度，スーパー理論で言う適切なキャリア発達課題および活動に取り組むかを検討した。このタイプの研究の多くは，民族的・文化的集団の内外でキャリア発達を予測する際の類似点と相違点を検討する必要がある。

結　　論

　ほとんどのキャリア発達理論にいえることであるが，スーパーの研究も，本来は，おもに白人男性のキャリア行動を説明し，予測するものであった。しかし，50年以上にわたって理論が勢いを失わず受け継がれてきた主な理由は，かつて概念が考案された対象や状況を超えて適用することができたと

いう事実による。

　ここでレビューされた文献では，キャリア成熟に関する異文化研究の大部分が個人は一定の発達段階をたどっていき，その段階に適した職業的課題を達成していくことを示した。明らかに，こうした事実は，国際的にも，キャリア発達に大きな影響を与えている。ただし，現在，キャリア成熟の態度を測定する尺度は，アフリカ系米国人に対しては妥当性を欠いているようにみえる。これは，文化的に適したキャリア成熟の尺度を作成する必要があることを示唆する。

　ここで示された新しい研究領域，職業的課題としてのエスニックアイデンティティの発達と発達的文脈主義は将来有望な研究領域であり，文化的に異なる集団のキャリア行動を解明するためにスーパーが残していった豊かな基盤があることを示唆するであろう。

DONALD E. SUPER'S BIBLIOGRAPHY: 1932 TO 1994

Super, D. E. (1932). *The background of Polish-German relations in charts and figures*. New York: Ellner.

Super, D. E. (1939). The employment of college students. *Occupations, 17,* 105-111.

Super, D. E. (1939). Occupational level and job satisfaction. *Journal of Applied Psychology, 23,* 547-564.

Super, D. E. (1940). The A.C.E. Psychological Examination and special abilities. *Journal of Psychology, 9,* 221-226.

Super, D. E. (1940). *Avocational interest patterns: A study in the psychology of avocations*. Stanford, CA: Stanford University Press.

Super, D. E. (1940). The educational value of stamp collecting. *Journal of Educational Psychology, 31,* 68-70.

Super, D. E. (1940). Personality and mechanical aptitudes. *Occupations, 18,* 593-595.

Super, D. E. (1941). Avocations and vocational adjustment. *Character and Personality, 10,* 51-61.

Super, D. E. (1941). A comparison of the diagnoses of a graphologist with the results of psychological tests. *Journal of Consulting Psychology, 5,* 127-133.

Super, D. E., & Brophy, D. A. (1941). The role of the interview in vocational diagnosis. *Occupations, 19,* 323-327.

Super, D. E., & Roper, S. (1941). An objective technique for testing vocational interests. *Journal of Applied Psychology, 25,* 487-498.

Super, D. E., & Wright, R. D. (1941). From school to work in the depression years. *School Review, 49,* 17-26, 123-140.

Super, D. E. (1942). The cross-sectional and developmental methods of vocational diagnosis. *Harvard Educational Review, 12,* 283-293.

Super, D. E. (1942). The Bernreuter Personality Inventory: A review of research. *Psychological Bulletin, 39,* 94-125.

Super, D. E. (1942). *The dynamics of vocational adjustment*. New York: Harper & Row.

Super, D. E. (1942). The place of aptitude testing in the public schools. *Educational and Psychological Measurement, 2,* 267-277.

Super, D. E., & Carlson, R. (1942). What adolescent and adult stamp collectors learn from their hobby. *Journal of Genetic Psychology, 60,* 99-108.

Super, D. E. (1943). Clinical research in the Aviation Psychology Program of the Army Air Forces. *Psychological Bulletin, 41,* 551-556.

Super, D. E., & Haddad, W. C. (1943). The effect of familiarity with an occupational field on a recognition test of vocational interest. *Journal of Educational Psychology, 34*, 104-109.

Super, D. E. (1944). The basic course in the training of counselors: Surveyor foundation? *Occupations, 22*, 345-347.

Super, D. E. (1945). Strong's "Vocational interests of men and women" : A special review. *Psychological Bulletin, 42*, 359-370.

Super, D. E. (1946). Reflections on the vocational guidance of veterans. *Occupations, 25*, 40-42.

Super, D. E. (1947). The cyclical use of directive and non-directive techniques. *Counseling* (National Board of YMCAs), *5*, 2-5.

Super, D. E. (1947). The Kuder Preference Record in vocational diagnosis. *Journal of Consulting Psychology, 11*, 184-193.

Super, D. E. (1947). The validity of standard and custom-built personality inventories in a pilot selection program. *Educational and Psychological Measurement, 7*, 735-744.

Super, D. E. (1947). Vocational guidance: An instrument of social policy. *Public Affairs: A Canadian Quarterly, 10*, 174-179.

Super, D. E. (1947). Vocational interest and vocational choice. *Educational and Psychological Measurement, 7*, 375-384.

Super, D. E., Braasch, W. F., & Shay, J. B. (1947). The effect of distraction on test results. *Journal of Educational Psychology, 38*, 373-377.

Super, D. E. (1949). *Appraising vocational fitness by means of psychological tests*. New York: Harper & Row.

Super, D. E. (1950). Testing and using test results in counseling. *Occupations, 29*, 95-97.

Super, D. E. (1951). The criteria of vocational success. *Occupations, 30*, 5-9.

Super, D. E. (1951). Vocational adjustment: Implementing a self-concept. *Occupations, 30*, 88-92.

Super, D. E., & Dunlap, J. W. (1951). Interest in work and play. In D. H. Fryer & E. R. Henry (Eds.), *Handbook of applied psychology*. New York: Rinehart.

Super, D. E., Barnett, G. J., Handelsman, I., & Stewart, L. H. (1952). The occupational level scale as a measure of drive. *Psychological Monographs, 66*, No. 342.

Super, D. E. (1953). A theory of vocational development. *American Psychologist, 8*, 185-190.

Super, D. E. (1954). Career patterns as a basis for vocational counseling. *Journal of Counseling Psychology, 1*, 12-20.

Super, D. E. (1954). Guidance: Manpower utilization or human development? *The*

Personnel and Guidance Journal, 33, 8-14.

Super, D. E. (1954). The measurement of interests. *Journal of Counseling Psychology, 1*, 168-173.

Super, D. E. (1955). The dimensions and measurement of vocational maturity. *Teachers College Record, 57*, 151-163.

Super, D. E. (1955). *Opportunities in psychology*. New York: Vocational Guidance Manuals. (Rev. in 1965; rev. with C. M. Super in 1975, 1981)

Super, D. E. (1955). Personality integration through vocational counseling. *Journal of Counseling Psychology, 2*, 217-226.

Super, D. E. (1955). Transition: From vocational guidance to counseling psychology. *Journal of Counseling Psychology, 2*, 3-9. Also in J. M. Whiteley (Ed.), *History of counseling psychology*. Monterey, CA: Brooks/Cole, 1980.

Super, D. E., Thompson, A. S., & Napoli, P. J. (1955). Developing a VA counseling psychology training program: A case history of university-hospital cooperation. *American Psychologist, 10*, 283-288.

Super, D. E. (1956). All in the day's work. *The Personnel and Guidance Journal, 34*, 541-543.

Super, D. E. (1956). Getting out of an occupation. *The Personnel and Guidance Journal, 34*, 491-493.

Super, D. E. (1957). Education and the nature of occupations and careers. *Teachers College Record, 58*, 301-309.

Super, D. E. (1957). The preliminary appraisal in vocational counseling. *The Personnel and Guidance Journal, 34*, 154-161.

Super, D. E. (1957). *The psychology of careers*. New York: Harper & Row.

Super, D. E. (1957). *The use of multifactor tests in guidance*. Washington, DC: American Personnel and Guidance Association.

Super, D. E., Bachrach, P. B. (1957). *Scientific careers and vocational development theory*. New York: Teachers College Press.

Super, D. E., Crites, J. O., Hummel, R. C., Moser, H. P., Overstreet, P. L., & Warnath, C. F. (1957). *Vocational development: A framework for research*. New York: Teachers College Press.

Super, D. E., & Luntz, L. (1957). *Some uses of biographical inventories in describing adjustment and predicting success*. (Air Force Personnel Training and Research Memorandum 57-1)

Super, D. E. (1959). La psychologie objective des intérêts [The objective psychology of interests]. *Psychologie Française, 4*, 161-175.

Super, D. E. (1959). Theories and assumptions underlying approaches to personality assessment. In I. A. Berg & B. M. Bass (Eds.), *Objective approaches to personality assessment*. Princeton, NJ: Van Nostrand.

Super, D. E. (1960). The biographical inventory as a method of describing adjustment and predicting success. *Bulletin of the International Association for Applied Psychology, 9*, 19-39.

Super, D. E. (1960). The critical ninth grade: Vocational choice or vocational exploration? *The Personnel and Guidance Journal, 39*, 107-109.

Super, D. E. (1960). Interest. In C. W. Haris (Ed.), *Encyclopedia of educational research*. New York: Macmillan.

Super, D. E. (1960). Les techniques de l'entretien. *Bulletin de l'Institut National d'Orientation Professionnelle, 16,* 107-115.

Super, D. E., & Moser, H. P. (1960). Some correlates of interest maturity in early adolescence. In W. L. Layton (Ed.), *The Strong Vocational Interest Blank: Research and uses*. Minneapolis, MN: University of Minnesota Press.

Super, D. E., & Overstreet, P. L. (1960). *The vocational maturity of ninth-grade boys*. New York: Teachers College Press.

Super, D. E. (1961). The appraisal process in counseling. In A. Jacobs, J. P. Jordaan, & S. G. DiMichael (Eds.), *Counseling in the rehabilitation process*. New York: Teachers College Press.

Super, D. E. (1961). Consistency and wisdom of vocational preferences as indices of vocational maturity in the ninth grade. *Journal of Educational Psychology, 52*, 35-43.

Super, D. E. (1961). Some unresolved issues in vocational development research. *The Personnel and Guidance Journal, 40*, 11-15.

Super, D. E. (1961). Vocational guidance in France: A participant observer reports. *The Personnel and Guidance Journal, 40*, 271-272.

Super, D. E. (1962). The structure of work values in relation to status, achievement, interests, and adjustment. *Journal of Applied Psychology, 46*, 231-239.

Super, D. E., & Crites, J. O. (1962). *Appraising vocational fitness* (rev. ed.). Harper & Row.

Super, D. E., & Mowry, J. G., Jr. (1962). Social and personal desirability in the assessment of work values. *Educational and Psychological Measurement, 22*, 715-720.

Super, D. E. (1963). The definition and measurement of early career behavior: A first formulation. *The Personnel and Guidance Journal, 41*, 775-779.

Super, D. E. (1963). Review of the Scholastic Aptitude Tests of the College Entrance Examination Board. *The Personnel and Guidance Journal, 42*, 406-409.

Super, D. E., Starishevsky, R., Matlin, N., & Jordaan, J. P. (1963). *Career development: Self-concept theory*. New York: College Entrance Examination Board.

Super, D. E. (1964). A developmental approach to vocational guidance: Recent theory and results. *Vocational Guidance Quarterly, 13,* 1-10.

Super, D. E. (1964). Goal specificity in the vocational counseling of future college students. *The Personnel and Guidance Journal, 43,* 127-134.

Super, D. E. (1964). Guidance in American education: Its status and its future. In E. Landy & P. A. Perry (Eds.), *Guidance in American education: Backgrounds and prospects*. Cambridge, MA: Harvard University Press.

Super, D. E. (1964). Productive scholarship in a graduate professional school. *Teachers College Record, 65,* 391-395.

Super, D. E. (1964). The professional status and affiliations of vocational counselors. In H. Borow (Ed.), *Man in a world at work* (pp. 557-589). Boston, MA: Houghton Mifflin.

Super, D. E. (1964). *La psychologie des interets* [The psychology of interests]. Paris: Presses Universitaires de France.

Super, D. E., & Thompson, A. S. (Eds.). (1964). *The professional preparation of counseling psychologists*. New York: Teachers College Press.

Super, D. E. (1965). L'orientation vers une profession où vers une carriere? [Guidance toward an occupation or toward a career?]. *Bulletin de l'Institut National d'Orientation Professionnelle, 21,* 243-248.

Super, D. E. (1967). An attempt at a comprehensive model of educational achievement. In D. E. Super (Ed.), *Toward a cross-national model of educational achievement in a national economy* (Horace Mann-Lincoln Institute Monograph). New York: Columbia University, Teachers College.

Super, D. E., Kowalski, R. S., & Gotkin, E. H. (1967). *Floundering and trial after high school* (Career Pattern Study Monograph, IV). New York: Columbia University, Teachers College.

Super, D. E. (1968). Emerging trends in vocational guidance. In S. K. Pal (Ed.), *Guidance in many lands*. Allahabad, India: Central Book Depot.

Super, D. E. (1968). The vocational education of the semi-skilled. In J. M. Rosenberg (Ed.), *New conceptions on vocational education* 9. New York: Teachers College Press.

Super, D. E., & Hendrix, V. L. (1968). Factor dimensions and reliability of the Work Values Inventory. *Vocational Guidance Quarterly, 17,* 269-274.

Super, D. E. (1969). Basic functions of guidance and counseling: Planning personal career development. In A. G. Scates (Ed.), *Computer-based vocational guidance systems*. Washington, DC: U. S. Government Printing Office.

Super, D. E. (1969). Conflicting trends in educational and vocational guidance. *Bulletin of the International Association for Educational and Vocational Guidance, 69*, 2-6.
Super, D. E. (1969). The development of vocational potential. In D. Malikian & H. Rusalem (Eds.), *The vocational rehabilitation of the disabled*. New York: New York University Press.
Super, D. E. (1969). The natural history of a study of lives and of vocations. *Perspectives of Education, 2*, 13-22.
Super, D. E. (1969). La psychologie des groupes minoritaires aux États Unis [The psychology of minority groups in the United States]. *Travail Humain, 23*, 29-39.
Super, D. E. (1969). Théorie de développement professionnel: Individus, situations, et processus [Theory of vocational development: Individuals, situations, and processes]. *Bulletin de Institut National d'Orientation Professionnelle, 25*, 221-240.
Super, D. E. (1969). Vocational development theory. *The Counseling Psychologist, 1*, 2-30.
Super, D. E. (1969). The vocational education of the semiskilled. In J. M. Rosenberg (Ed.), *New conceptions of vocational and technical education*. New York: Teachers College Press.
Super, D. E., & Bohn, M. J., Jr. (1969). The computer in counseling and guidance programs. *Educational Technology, 9*, 29-32.
Super, D. E., Minor, F. J., & Myers, R. A. (1969). An experimental computer-based educational and occupational orientation system for counseling. *The Personnel and Guidance Journal, 47*, 564-569.
Super, D. E. (1970). Background factors in vocational choice. In *Encyclopedia of education*. New York: Macmillan.
Super, D. E. (1970). Career development. In J. Davitz & S. Ball (Eds.), *Psychology and the educational process* (pp. 428-475). New York: McGraw-Hill.
Super, D. E. (1970). Career development as a function of academic and vocational decisions. In W. M. Lifton (Ed.), *Educating for tomorrow*. New York: Wiley.
Super, D. E. (Ed.). (1970). *Computer-assisted guidance*. New York: Teachers College Press.
Super, D. E. (1970). A self-concept approach to religious careers. In W. E. Barlett (Ed.), *Evolving religious careers*. Washington, DC: Center for Applied Research in the Apostolate.
Super, D. E. (1970). Of Tiedeman, Ellis, and machines which become media when given the right messages. In W. Holtzman (Ed.), *Computer-based instruction, learning, tests, and guidance*. New York: Harper & Row.

Super, D. E. (1970). Using computers in guidance: An experience in a secondary school. *Canadian Counselor, 4*, 11-21.
Super, D. E. (1970). *The Work Values Inventory*. Boston, MA: Houghton Mifflin.
Super, D. E., & Bohn, M. J., Jr. (1970). *Occupational psychology*. Monterey, CA: Brooks/Cole.
Super, D. E., & Holland, J. L. (1970). *Dialogue on vocational development theory* (Distinguished Contributors to Counseling [Film] Series) (Film). Washington, DC: American Personnel and Guidance Association.
Super, D. E., Bohn, M. J., & Forrest, D. J. (1971). *Decisions about careers in engineering*. New York: Institute for Electrical and Electronic Engineers.
Super, D. E. (1972).Vocational development theory in twenty years. In J. M. Whiteley & A. Resnikoff (Eds.), *Perspectives on vocational development* (pp. 109-129). Washington, DC: American Personnel and Guidance Association.
Super, D. E. (1972). Vocational development theory: Persons, positions, and processes. In J. M. Whiteley & A. Resnikoff (Eds.), *Perspectives on vocational development* (pp. 13-34). Washington, DC: American Personnel and Guidance Association.
Super, D. E., & Forrest, D. H. (1972). *Preliminary manual for the Career Development Inventory*. New York: Teachers College, Columbia University.
Super, D. E., Myers, R. A., Thompson, A. S., Friel, T., & Patrick, T. (1972). *Educational and Career Exploration System: Report of a two-year field trial*. New York. Teachers College, Columbia University.
Super, D. E. (1973). The Career Development Inventory. *British Journal of Guidance and Counselling, 1*, 37-50.
Super, D. E. (1973). The career development of the drug abuser. In H. Liebowitz (Ed.), *Vocational rehabilitation of the drug abuser: Theory and policy*. Washington, DC: Department of Health, Education, and Welfare.
Super, D. E., & Jordaan, J. P. (1973). Career development theory. *British Journal of Guidance and Counselling, 1*, 3-16.
Super, D. E. (1973). Computer, counselor, and client: Comments on the paper by JoAnn Harris. In W. E. Coffman (Ed.), *Frontiers of educational measurement and information systems*. Boston, MA: Houghton Miffin.
Super, D. E. (1973). Computers in support of vocational development and counseling. In H. Borow (Ed.), *Career guidance for a new age* (pp. 285-316). Boston, MA: Houghton Mifflin.
Super, D. E. (1973). *Manual for the Career Planning Program of the Differential Aptitude Tests: New York: Psychological Corporation*.

Super, D. E. (1973). A critical vantage point: The research base. In H. M. Brickell & C. B. Aslanian (Eds.), *A review of the developmental program goals of the Comprehensive Career Education Model*. New York: Institute for Educational Development.

Super, D. E. (1973). The research base of the Goals Matrix of the Career Education Model. In D. Hamson (Ed.), *The Goals Matrix of the Comprehensive Career Education Model*. Washington, DC: National Institute of Education.

Super, D. E. (1973). Les théories de choix professionnel: leur évolution, leur condition courante et leur utilité pour le conseiller. In C. Laflamme & A. Petit, [Eds.], *L'-information scolaire et professionnelle dans l'orientation*. Sherbrooke, Canada: Faculte des Sciences de l'Education.

Super, D. E. (1973). The Work Values Inventory. In D. G. Zytowski (Ed.), *Contemporary approaches to interest measurement* (pp. 189-205). Minneapolis, MN: University of Minnesota Press.

Super, D. E. (1974). The broader context of career development and vocational guidance: American trends in world perspective. In E. L. Herr (Ed.), *Vocational guidance and human development*. Boston, MA: Houghton Mifflin.

Super, D. E. (1974). Career counseling in a post-industrial society. *Canadian counselor, 8*, 21-29.

Super, D. E. (1974). *Computers in guidance: To use or not to use*. Proceedings of the Conference on New Developments in Guidance. Ann Arbor: University of Michigan.

Super, D. E. (Ed.). (1974). *Measuring vocational maturity for counseling and evaluation*. Washington, DC: National Vocational Guidance Association.

Super, D. E. (1974). *Psychic determinants of professional choice*. Revista de Psicologia Generaly Aplicada, 29, 563-582.

Super, D. E. (1974). *Psychological determinants of vocational choice*. Proceedings of the 5th World Congress of Educational and Vocational Guidance. Quebec, Canada: Laval University Press.

Super, D. E., & Jordaan, J. P. (1974). The prediction of early adult behavior. In D. F. Ricks, A. Thomas, & M. Roff (Eds.), *Life history in psychopathology*. Minneapolis, MN: University of Minnesota Press.

Super, D. E. (1975). *Abilities and performance in middle age: A review of research for the American Telephone and Telegraph Company*. New York: Teachers College, Columbia University.

Super, D. E., Zelkowitz, R. S., Thompson, A. S. (1975). *Manual for The Career Development Inventory, Adult Form*. New York: Teachers College, Columbia University.

Super, D. E. (1976). *Career education and the meanings of work*. Washington, DC: U. S. Government Printing Office.

Super, D. E. (1976). Vocational guidance: Emergent decision making in a changing society. *Educational and Vocational Guidance, 29*, 16-23.

Super, D. E. (1976). *Vocational guidance: Emergent decision making in a changing society*. Proceedings of the 8th World Seminar on Educational and Vocational Guidance (pp. 123-153). Lisbon, Portugal: Portuguese Psychological Society.

Super, D. E. (1977). The identity crises of counseling psychologists. *The Counseling Psychologist, 7,* 13-19; also in J. M. Whiteley & B. R. Fretz. *The present and future of counseling psychology*. Monterey, CA: Brooks/Cole.

Super, D. E. (1977). A life career development model. *Revista de Psicologia Generaly Aplicade, 32,* 663-682.

Super, D. E. (1977). L'orientation professionnelle: En crise? *Orientation et Formation Professionnelles, 62,* 232-243.

Super, D. E. (1977). Vocational maturity in mid-career. *Vocational Guidance Quarterly, 25,* 294-302.

Super, D. E. (1978). Computer-assisted vocational counseling: Lessons from the American experience. *Journal of Occupational Psychology, 51,* 19-28.

Super, D. E., & Hall, D. T. (1978). Career development: Exploration and planning. *Annual Review of Psychology, 29,* 333-372.

Super, D. E. (1979). The babble that is Babel: A career development glossary for career education. *Journal of Career Education, 5,* 156-171.

Super, D. E., & Bowlsbey, J. A. H. (1979). *Guided career exploration*. New York: Psychological Corporation.

Super, D. E. (Ed.), Jordaan, J. P., & Heyde, M. B. (1979). *Vocational maturity during the high school years*. New York: Teachers College Press.

Super, D. E., & Kidd, J. M. (1979). Vocational maturity in adulthood: Toward turning a model into a measure. *Journal of Vocational Behavior, 14,* 255-270.

Super, D. E., & Knasel, E. G. (1979). *Development of a model, specifications, and sample items for measuring career adaptability (vocational maturity) in young bluecollar workers*. Cambridge, England: National Institute for Careers Education and Counselling; and Ottawa, Canada: Canada Employment and Immigration.

Super, D. E., & Thompson, A. S. (1979). A six-scale, two-factor test of vocational maturity. *Vocational Guidance Quarterly, 27,* 6-15.

Super, D. E. (1980). A life-span, life-space, approach to career development. *Journal of Vocational Behavior, 13,* 282-298.

Super, D. E. (1980). The year 2000 and all that. *The Counseling Psychologist, 8*, 22-24; also in J. M. Whiteley & B. R. Fretz, *The present and future of counseling psychology*. Monterey, CA: Brooks/Cole.

Super, D. E. (1981). Career development in adulthood: Some theoretical problems and a possible solution. *British Journal of Guidance and Counseling, 9*, 194-201.

Super, D. E. (1981). A developmental theory: Implementing a self concept. In D. H. Montross & C. J. Shinkman (Eds.), *Career development in the 1980s* (pp. 28-42). Springfield, IL: Charles C. Thomas.

Super, D. E., Thompson, A. S., Lindeman, R. H., Jordaan, J. P., & Myers, R. A. (1981). *The Career Development Inventory, School and College Forms*. Palo Alto, CA: Consulting Psychologists Press.

Super, D. E., Watts, A. G., & Kidd, J. M. (1981). *Career development in Britain*. Cambridge, England: Hobson's Press.

Thompson, A. S., Lindeman, R. H., Super, S. E., Jordaan, J. P., & Myers, R. A. (1981). Career Development Inventory: User's manual. Palo Alto, CA: Consulting Psychologist Press.

Super, D. E. (1982). Comments on Herr, Good, McCloskey, and Weitz: "Career behavior." *Journal of Vocational Behavior, 21*, 254-256.

Super, D. E. (1982). The relative importance of work. *The Counseling Psychologist, 10*, 95-103.

Thompson, A. S., Lindeman, R. H., Super, S. E., Jordaan, J. P., & Myers, R. A. (1982). *Career Development Inventory: College and university form supplement to user's manual*. Palo Alto, CA: Consulting Psychologist Press.

Savickas, M. L., Super, D. E., & Thompson, A. S. (1983). *Medical career development inventory*. Rootstown, OH: NEOUCOM.

Super, D. E. (1983). Assessment in career guidance: Toward truly developmental counseling. *The Personnel and Guidance Journal, 61*, 555-562.

Super, D. E. (1983). The history and development of vocational psychology: A personal perspective. In W. B. Walsh & S. H. Osipow (Eds.), *Handbook of vocational psychology* (pp. 5-37) Hillsdale, NJ: Erlbaum.

Super, D. E. (1983). Summary and synthesis: Or is it distillation? (International perspectives on counseling). *The Personnel and Guidance Journal, 61*, 511-514.

Super, D. E., & Nevill, D. D. (1983). *The psychometric characteristics of the Work Importance Study's Values Scale and Salience Inventory: A prospectus and report to National Project Directors*. University of Florida, Department of Psychology.

Super, D. E. (1984). Career and life development. In D. Brown, L. Brooks, & Associates,

Career choice and development: Applying contemporary theories to practice (pp. 192-234). San Francisco, CA: Jossey-Bass.

Super, D. E. (1984). Career development. In T. Husén & N. Postlethwaite (Eds.), *International encyclopedia of education*. Oxford, England: Pergamon Press.

Super, D. E. (1984). Career development and work salience. In R. J. Corsini (Ed.), *Encyclopeadic Dictionary of Psychology*. New York: Wiley.

Super, D. E. (1984). *Guidance and educational mobility in developed and developing countries*. Paris, France: UNESCO.

Super, D. E. (1984). Leisure: What it is and might be. *Journal of Career Development, 11*, 71-80.

Super, D. E. (1984). The perspective from three decades: 1953, 1983, and the 1990s. In J. M. Whiteley & A. Resnikoff (Eds.), *The coming decade in counseling psychology*. Monterey, CA: Brooks/Cole.

Super, D. E. (1984). Perspective on the meaning and value of work. In N. C. Gysbers (Ed.), *Designing careers: Counseling to enhance education, work, and leisure* (pp. 27-53). San Francisco, CA: Jossey-Bass.

Super, D. E. (1984). Quality of life and the meanings and values of work. *Educational and Vocational Guidance, 41*, 2-14.

Super, D. E. (1984). Some thoughts as educational guidance in Colombia faces the twenty-first century. *Educational and Vocational Guidance, 42*, 48-53.

Super, D. E., & Nevill D. D. (1984). Work role salience as a determinant of career maturity in high school students. *Journal of Vocational Behavior, 25*, 30-44.

Thompson, A. S., Lindeman, R. H., Super, S. E., Jordaan, J. P., & Myers, R. A. (1984). *Career Development Inventory: Technical manual*. Palo Alto, CA: Consulting Psychologist Press.

Super, D. E. (1985). Career counseling across cultures. In P. Pedersen (Ed.), *Handbook of cross-cultural counseling and therapy*. Greenwood Press.

Super, D. E. (1985). Coming of age in Middletown: Careers in the making. *American Psychologist, 40*, 405-414.

Super, D. E. (1985). *New dimensions in adult vocational and career counseling*. Occasional paper no. 106. The Ohio State University, National Center for Research in Vocational Education.

Super, D. E. (1985). Review of Holland's Making Vocational Choices (Second Edition). *Contemporary psychology, 30*, 771.

Super, D. E. (1985). Self-realization through the work and leisure roles. *Educational and Vocational Guidance, 43*, 1-7.

Nevill, D. D., & Super, D. E. (1986). *The Salience Scale: Theory, application and research*. Palo Alto, CA: Consulting Psychologists Press.

Nevill, D. D., & Super, D. E. (1986). *The Values Scale: Theory, application and research*. Palo Alto, CA: Consulting Psychologists Press.

Super, D. E. (1986). Future trends in adult career development. In S. Leibowitz & D. Lea (Eds.), *Adult career development*. Alexandria, VA: American Association for Counseling and Development.

Super, D. E. (1986). Life-career roles and self-realization in work and leisure. In D. T. Hall (Ed.), *Career development in organizations*. San Francisco, CA: Jossey-Bass.

Super, D. E., & Nevill, D. D. (1986). *The Salience inventory*. Palo Alto, CA: Consulting Psychologists Press.

Super, D. E., & Nevill, D. D. (1986). *The Values Scale*. Palo Alto, CA: Consulting Psychologists Press.

Super, D. E., Thompson, A. S., Lindeman, R. H., Myers, R. A., & Jordaan, J. P. (1986). *Adult Career Concerns Inventory*. Palo Alto, CA: Consulting Psychologists Press.

Bell, A. P., Super, D. E., & Dunn, T. B. (1988). Understanding and implementing career theory: A case study approach. *Counseling and Human Development, 20*(8), 1-19.

Super, D. E. (1988). Vocational adjustment: Implementing a self-concept. *The Career Development Quarterly, 36*, 351-357.

Super, D. E. (1988). Work and leisure in an economy in flux. *Orientation Scolaire et Professionnelle, 17*, 23-32.

Super, D. E., & Nevill, D. D. (1988). Career maturity and commitment to work in university students. *Journal of Vocational Behavior, 32*, 139-151.

Super, D. E., Thompson, A. S., Lindeman, R. H. (1988). *Adult Career Concerns Inventory: Manual for research and exploratory use in counseling*. Palo Alto, CA: Consulting Psychologists Press.

Super, D. E. (1989). Comment on Carl Roger's obituary. *American Psychologist, 44*, 1161-1162.

Super, D. E. (1990). A life-span, life-space approach to career development. In D. Brown, L. Brooks, & Associates, *Career choice and development: Applying contemporary theories to practice* (2nd ed.). San Francisco, CA: Jossey-Bass.

Super, D. E. (1992). Career roles. In L. K. Jones (Ed.), *The encyclopedia of career change and work issues* (pp. 56-59). Phoenix, AZ: Oryx Press.

Super, D. E. (1992). A comparison of the diagnosis of a graphologist with the results of psychological tests. *Journal of Consulting and Clinical Psychology, 60*, 323-326.

Super, D. E. (1992). In memorium: Anne Roe (1904-1991). *The Counseling Psychologist,*

20, 734-736.

Super, D. E. (1992). One participant's perspective on the history of the International Association for Educational and Vocational Guidance. *Educational and Vocational Guidance, 53*, 44-45.

Super, D. E. (1992). Response: The comments, the theory, and the model. *Journal of Counseling & Development, 71*, 83.

Super, D. E. (1992). Toward a comprehensive theory of career development. In D. H. Montross & C. J. Shinkman (Eds.), *Career Development: Theory and practice* (pp. 35-64). Springfield, IL: Charles C. Thomas.

Super, D. E., Osborne, W. L., Walsh, D. J., Brown, S. D., & Niles, S. G. (1992). Developmental career assessment and counseling: The C-DAC model. *Journal of Counseling & Development, 71*, 74-80.

Savickas, M. L., & Super, D. E. (1993). Can life stages be identified in students? *Man and Work: Journal of Labor Studies, 4*, 71-78.

Super, D. E. (1993). The two faces of counseling: Or is it three? *The Career Development Quarterly, 42*, 132-136.

Super, D. E. (1994). A life span, life space perspective on convergence. In M. L. Savickas & R. W. Lent (Eds.), *Convergence in career theory: Implications for science and practice* (pp. 63-74). Palo Alto, CA: Consulting Psychologists Press.

Super, D. E., & Sverko, B. (Eds.). (in press). *Life roles, values, and career: International findings of the Work Importance Study*. San Francisco, CA: Jossey-Bass.

あとがき　21世紀に生きるスーパー

　日本におけるスーパーの紹介と受容は，共編者の仙﨑先生を中心に1960年代の比較的早い段階でなされた。そのころから数えて，はや50年がたつ。その間，スーパーのキャリア発達理論は一向に古くならず，いまもわれわれがキャリアの問題を考える際の標準的な理論であり続けている。

　ただ，スーパーは1940年代から1990年代に至るまで，一貫して同じことを同じ重みで説き続け，主張し続けてきたわけではない。結局は同じことを主張し続けたといえるだろうが，その強調点は年代ごとに異なる。例えば，職業満足感から職場適応，そして職業的発達へと至る初期のスーパーと，役割や価値を強調しつつキャリアレインボーへと至る晩年のスーパーでは，明らかに強調点は異なる。

　そこで，仮に，スーパーが21世紀のこの時代に生きていたとしたら，いま，何を強調するだろうかと夢想してみることに，幾分かの根拠はあるといえるだろう。スーパーはこの時代の何を課題とし，それに対してどのようなことを訴えただろうか。この「あとがき」では，スーパーを現在に蘇らせることで，その応用可能性を探ってみたい。以下，ここでは，本書で取り上げられたスーパーの理論を「適応と仕事観」「測定とレディネス」「役割」「文脈」の4つの観点からみていく。

① 「適応と仕事観」について

　スーパーが21世紀に現れたとしたら，「発達」ではなく，むしろ「適応」を強調したのではないだろうか。一般的には，スーパーは「適応」よりは「発達」を説いた学者として受け取られている。しかし，本書では「適応」の問題がさまざまな箇所で登場する。

　なかでも「成人のキャリア適応性」を直接扱っているのは第6章である。そこでは，スーパーの「適応性」という用語を，「個人が仕事の世界と個人

の生活との間でとろうとするバランスに焦点を当てた」ものと説明している。成人のキャリアの変わり目では，個人の生活のことだけを考えてもうまくいかない。現実のシビアなキャリア環境を考えれば，個人だけではなく「仕事の世界」をも同等の重みをもって見つめる概念が必要となる。それが「適応性」である。とくに「適応は個人と環境の間の相互作用に注意を向ける」ため，変化の激しい環境にも配慮している点が重要である。つまり，「変化する仕事や仕事環境への対処の準備状態としてのキャリア適応性」こそが，いまこの時代に求められるのだ。そのほか，第6章では，キャリア復元力（レジリエンス）やジェラットの積極的不確実性アプローチ，「柔軟性」といったさまざまなアイデアとの関連で「適応性」を記述している。変化の激しいキャリア環境に適応し，凌ぎ切り，やり過ごすための力といったものとの近親性が，否が応にも強調されているといえるだろう。

　ところで，このような話の流れで考えたとき，第1章の「仕事観」は，あらためて重要な概念となるであろう。スーパーは最初期から，問題なのは人が自らの仕事や職業生活をどうみているかであり，その見方から組み立てられる本人の仕事観，そこから派生する意味づけこそが重要なのだということを繰り返し述べてきた。つまり，スーパーの理論とは，現代の理論的な用語で言えば，もともと構成主義的・構築主義的であり，実際どうであるかということよりも，本人のものの見方というものが，ずっと重要であるというスタンスを，当時，すでにしてもっていた。

　「仕事観」という用語は，一見，手垢のついた言葉である。しかし，混迷を極める現在のキャリア環境ではまたひと味違った意味をもつ。従来であれば，さしたる仕事観はなくとも，仕事の側に一定の昇進ルートなり，キャリアルートなりが，ある種の明確さをもって道筋として存在していた。本人にたいした仕事観などなくとも，会社や組織に寄りかかっていれば，それで十分に仕事をしていけると思えた。しかし，寄るべき外的なルートがもはや崩れてしまった現状では，働くことをどう意味づけ，何をもって仕事をしたとするのかを自分で決める必要がある。いまこそ，現代的な意味あいで「仕事

観」が問われる状況にあるのである。晩年のスーパーは，自ら意味を与えなければ，ほかから意味が与えられないという，現在のキャリア環境を遠く見越していたといえるであろう。

②「測定とレディネス」について

　第4章は，心理学専攻でない人にとっては何が問題となっているのかわかりにくい章である。キャリア発達（CM1）を測定しようとしてはキャリア適応（CM2）を測定することになってしまい，また改めてキャリア発達を測定することをめざすといったことを繰り返す，スーパーの飽くなき測定に対する情熱が，なかなか心理学専攻の人間以外には伝わりにくいからである。

　スーパーは，なぜそこまで測定に執着したのか。それは，サビカスも述べているとおり，ひとえに，どう測定するかを考える過程でより定義が厳密に定まるからである。平たく言えば，測定可能なように定義がなされるということであるが，これが本書のいくつかの箇所で登場する心理学用語である「操作的に定義がなされる」ということである。こうした手順を踏むことによって，確かに，理論上の概念やアイデアが明確になり，かつ，それを目に見える形で示すことができるようになる。

　では，なぜ目に見える形で示すことに，あくまでこだわったのか。おそらく，それはキャリア発達というものが，本来，目に見えず，それゆえ，キャリア発達に介入する取り組みを推進するにしても，批判するにしても，つい漠然としたイメージで語りがちになってしまうことが多いからである。ことキャリア教育については，推進する側は，自らの教育にかける理想や情熱をすべてキャリア教育として論じがちになる。一方で，批判する側は，自らが否定したい教育思想をすべてキャリア教育の中に読み込み，まるごと否定するといったことをしやすい。

　この点から，21世紀に生きるわれわれが学ぶべきこととは，キャリア発達を何か目に見える形で捉えておき，推進するにしても批判するにしても，

もっと厳密な議論の必要性を，たえず意識すべきだということである。何がどうなった場合にキャリア教育に効果があったといえるのか，なかったといえるのか。実際に，事前事後で何かを測定するといった安直なエビデンス（証拠）を求める一歩手前の，なぜこの取り組みを行うことがこの側面を伸ばすといえるのかというラショナール（理屈）を，もう少し厳密に考えたい。おそらく，スーパーは，キャリア発達に対する介入支援を，例えば「グループワークで職業観・勤労観を伸ばす」のように漠然と言ってしまうことを好まなかったと思うのだ。

その点，第5章で述べられている「レディネス」といった概念は，キャリア発達に介入する取り組みを厳密に考えるにあたっての糸口を提供する。「レディネス」は心理学の専門用語であるが，気持ちのうえでの心理的な「準備」ぐらいの意味でとらえて十分であろう。キャリア発達の概念は，キャリア発達課題に対する「レディネス」として測定しうると発想するようになって，実証研究がしやすくなり，多くの研究知見が蓄積された。この「レディネス」概念が，一時期かなり研究された理由として，この考え方をした場合，介入支援の方向が見えやすく，したがって介入の根拠といったものを厳密に考えやすいということがある。例えば，漠然とキャリア発達を促すといっても，果たして，何をどうすればよいのか途方に暮れてしまう。しかし，「キャリア発達課題（通常は，進学や就職）に対するレディネスを高めるにはどうすればよいか」という具体的な問題の立て方をすれば，第5章にあるように，うまくプランニングできるようにしよう，うまく探索できるようにしよう，うまく意思決定できるようにしようと，具体的な介入支援の目標を立てられる。

結局のところ，スーパーのキャリア発達理論に由来する「レディネス」概念の大きな収穫とは，実際のキャリア発達課題をこなすに先だって気持ちのうえで準備しておくべきことがらがたくさんあるということを強調したことだったと言えるだろう。この点，現在に生きるわれわれは，素朴に重視しておきたいと思う。

③「役割」について

　晩年のスーパーが最後まで大事に考えていた概念は「役割」であったと思う。とはいえ,「役割」というアイデアは晩年に生み出されたものではない。1957年発刊の『職業生活の心理学』を見ればわかるとおり,初期のスーパーは「役割」の用語を駆使して,「役割実演」「役割期待」「役割形成」「役割葛藤」などの興味深い論考を,すでに行っていた。

　本書では,第7章で「役割特徴」の概念を取り上げ,おもに多重役割およびジェンダーの観点から議論を行っているが,この「役割」の概念も,21世紀のキャリア環境下で,スーパー存命中とはまた異なるニュアンスで重要になっている。

　例えば,スーパーの役割論にふれて,「しかし,多重な役割の背景にはいったい何があるのだろうか」と思いを巡らせたことがある人はいないだろうか。いま現在,30～40代の働き盛りの成人であれば,「労働者」であり,「配偶者」であり,「親」であり,「市民」であり,あるいは老親の「息子もしくは娘」であることは当然のことであろう。その事自体に何ら論ずべき問題はない。われわれがスーパーのキャリアレインボーを得意気に見せられたときに感じる困惑とは,人が一生のうちでさまざまな役割を果たすから,だからどうだというのだ,というものではないだろうか。

　むしろ,21世紀に生きるわれわれは,いろいろな場面で多重の役割を次から次へと果たし,場面に応じて適切な行動を取ることを求められ,強いられ,あげく,その役割をいつ大きな環境変化によって取り上げられないともかぎらない状況に置かれている。したがって,われわれが真に問いたいこととは,そうした多重役割の背景にあって,普段はさして自覚もしていなければ認識もしていない真の自我というものがあるとしたら,それはどういうものなのかということではないだろうか。

　仮に,いま,「労働者」でもなく「配偶者」でもなく「親」でもなく「市民」でもなく「息子もしくは娘」でもないのだとしたら,いったい私は何者なのか。

そして，その際，キャリアとはいったい何なのか。われわれが，いま，潜在的に抱いている問題意識とはこういうものではないか。例えば，現在，ブロックやデュフィらによって論じられているようなスピリチュアリティ系のキャリア理論は，こうした問題意識をベースとしているのである。
　むろん，こうしたテーマは，偉大なスーパーのうちにすでに1950年代に予感されていた。本書でいえば第3章が取り上げている主題外挿法の「主題」という問題が，それに該当する。ここで，主題外挿法とは，第3章で説明がなされているように，過去の人生や生活を振り返ることによって，将来，何をしたいか，何をするかを理解することができるという発想である。したがって，本文で正確に訳出されているとおり，過去の「出来事のつらなりや人格の発達について分析し，繰り返しみられるテーマや内在する傾向を確かめること」が重要となる。大学生の自己分析課題などをはじめ，過去を振り返って将来のキャリアの指針を得ようとする発想というのは，この主題外挿法からくるものである。
　ただ，第3章がほんとうに言いたいこととは，「構築的・現象学的・物語的と称される理論的アプローチ」が盛んになっている昨今，「主題（テーマ）」という概念があらためて重要となっており，その意味で「主題外挿法」の意義を再びよく見直してみたいということである。その具体的なあり方が，ジェプセンやコクランに代表されるようなナラティブなアプローチであり，最近のサビカスが主張している「テーマ」の追求である。
　われわれは，日ごろ，働くうえで，誰もがなにがしかのテーマをもっている。それが，自分の興味関心にそって自分の能力を生かし切った絵に描いたようなライフテーマの追求であろうと，逆に，一人息子の学費を稼ぐために，さして面白くもない仕事を淡々とこなすことであろうと，各々がもつキャリアのテーマというのが必ずある。それは，過去を振り返ってみてわかることであり，そのテーマを意識しながら将来を考えるべきだ。「主題外挿法」がいっていることは，そういうことである。「主題外挿法」とは，単なる一技法の名前ではなく，むしろキャリア発達理論の根幹を貫く発想である。このこと

の意義を，この章を読み返すことで振り返っていただきたいと思う。

④「文脈」について

　21世紀のキャリア理論は，こうした各人各様のキャリアテーマの探索といった話で終えることができない。

　第8章で取り扱っていたように，スーパーの理論を米国以外のさまざまな文化で検証すればするほど，さまざまな文化に共通するスーパーのキャリア発達理論の普遍性といったものが示された。その一方で，どうしてもそこからこぼれ落ち，漏れてきてしまう文化差というものも否応なく明らかになってしまった。これは，第7章のジェンダーの話とも共通する。スーパーが十分に研究対象としなかった女性のキャリア，アフリカ系・アジア系の文化を背景としたキャリアといった異なる文脈をもつキャリアというものを，われわれは真剣に受け止めなければならなくなっている。

　とくに，第8章を執筆するフアードは，第5章の第二著者であるブルーシュタインともどもキャリアの文脈理論を展開している論者であるが，現在，「文脈」をさらに広げた形で論じている。例えば，日本で言うところの非正規就労層，ワーキングプア，学校中退層，ニート・ひきこもりといった社会的に不利益を受けやすい層が，自らが置かれた文脈に巻き込まれ，制約される過程を問題にしている。つまり，よくできたトランプ手品のごとく，まるで自分の意志で選んだかのように，知らず知らずのうちに不利な進路を自ら選ばされる状況を問題視しているのである。

　当然，スーパーはこうしたことにも敏感であったのであり，だからこそ，スーパーの自身の著作には社会からの要請や制約条件，環境的な要因の話がふんだんに盛り込まれることが多かった。

　ただ，私は，スーパーが論じた社会的な要因，環境的な要因そのものよりも，スーパーがある意味，楽観的に信じた「自己概念の実現」といった概念にこそ，文脈に巻き込まれるキャリアから脱出するための処方箋をみる。

例えば，第2章で述べているとおり，スーパーの自己概念理論があまりに漠然としすぎていてとらえどころがなく，それゆえ，80年代に，自己効力感理論とゴッドフレッドソンの制限妥協理論に分かれていった道筋というのは，ある意味では必然であったといえる。
　ゴッドフレッドソンの理論は，文脈に巻き込まれて，自分の性別や学業成績，好みといったものにそった形でキャリアを選ばされてしまう過程を理論化したものである。それに対して，放っておけばおのずとそうなってしまうという一定のプロセスが想定されるとき，人は，どうすればその一本道のプロセスから抜け出せるのかを論じたものがベッツの自己効力感であったととらえることができよう。
　人が自分が置かれた「文脈」に巻き込まれていかざるをえないとき，そこから脱したいと思ったら，やはり自分はこうなりたいと思い描くことが，その第一歩となるのではないか。そして，それが十分に「できる」と思えるようになるまで，追い求めることが重要となるのではないか。スーパーが「自己概念の実現」という言葉によって漠然とわれわれに伝えたかったイメージを，より具体化して，鮮明に示したのが自己効力感の考え方であったといえるだろう。

　以上，本書で訳出された各章をもとに，21世紀におけるスーパーの応用可能性を探ってみた。
　この本の編集の過程で，共編者の仙﨑先生は，日本の進路指導・キャリア教育に理論が不在であるとの批判が古くからあり，いまもってあるということを何度か口にされた。
　実際には理論はあり，とくにナンシー・ベッツが本文で述べていたとおり，スーパーは晩年に至るまで理論に貢献し，理論を愛し，理論と実践の統合に挑戦し続けた。にもかかわらず，現在，理論不在の批判があるとすれば，やはり，この時代にキャリア発達を研究するわれわれ中堅若手の研究者が，スーパーが残した膨大な遺産をきちんと継承していないということなのだろう。

それは,端的に怠慢であると反省せざるをえない。

　正直に告白すれば,私も,スーパーの膨大な業績の全貌を知り尽くしているわけではない。スーパーが取り扱ったテーマは広く,その研究も膨大である。スーパーの新たな文献を読むたびに,スーパーはこの時代に早くもこんなことを論じていたのかと気づかされることが多いのである。

　そういう意味では,21世紀に生きるわれわれにとって,スーパーは常に新しい読み方ができる理論家であるといえる。本書にはスーパーの全業績の文献リストも掲載されているので,是非,文献を入手し,時間を見つけて,各人,21世紀に生きる新たなスーパーを発見していただければと思う。

　おそらくスーパーは,われわれが真摯に理論に取り組み,実践に生かすことを心がければ,そうした姿勢こそが自分が時を超えて最も伝えたかったことなのだと,言ってくれるのではないかと思うのだ。

編訳者　下村英雄

索　引（あいうえお順）

人　名

【ア行】
- アクセルラッド,S.……………………… 45
- アシュレイ,W.L.……………………… 109
- アッカーマン,R.J.……………………… 116
- アドラー,A.……………………………… 78
- アルボナ,C.………………… 15,144,147,150
- アンダーソン,H.D.……………………… 25
- イサクソン,L.E.……………………… 110
- ウイリアムズ,C.P.……………………… 110
- ウエストブルーク,B.W.……………… 98,146
- ウォルシュ,W.B.……………………… 60
- ウンルー,W.R.………………………… 53
- エリクソン,E.H.…………………… 116,151
- エリツール,D.………………………… 53
- エルムスリー,S.……………………… 64
- エングランダー,M.E.………………… 59
- オールポート,G.W.…………………… 58
- オシポウ,S.H………………… 57,59,65,94
- オハラ,R.P.…………………………… 100

【カ行】
- ガーゲン,M.M&K.J.…………………… 76
- カルドーア,W.………………………… 64
- カワン,P.A.…………………………… 138
- カンチアー,C.………………………… 53
- キッド,J.……………………………… 58
- キトソン,H.D…………………… 21,22,23
- キルパトリック,W.H.………………… 18
- ギンスバーグ,S.W.…………………… 44
- ギンスバーグ,E.…………………… 44,47
- クック,E.P.…………………………… 15
- グッドマン,J.………………………… 15
- クライツ,J.O.……………… 30,74,86,98
- クライン,M.………………………… 138
- クリース,R.…………………………… 35
- グレラー,N.M.……………………… 116
- クロスビー,F.J.…………………… 135
- クロン,W.L.………………………… 113
- ゲイナー,K.A.………………………… 65
- ケリー,G.S.……………………… 51,57,64

- コエジャー,P.………………………… 35
- コーマン,A.K.………………………… 59
- コクラン,L.………………………… 80,99
- ゴッドフレッドソン,L.S.……… 62,63,64,66
- コラレリ,S.M.……………………… 102

【サ行】
- サビカス,M.L.…………… 15,78,79,94,95
- サルビン,J.R.………………………… 77
- サンフォード,E.E.…………………… 146
- ジェイスカー,K.L.…………………… 135
- ジェプセン,D.A.…………………… 14,132
- ジェラット,H.B.………………… 117,118
- ジトウスキー,D.G.…………………… 14
- シャベルソン,R.J.…………………… 66
- シューレンバーグ,N.K.……………… 114
- シューレンベルグ,J.E.…………… 65,100
- シュタイン,J.A.……………………… 60
- シュロスバーグ,N.K.………………… 110
- ジョーダン,J.P.……………………… 98
- スヴェルコ,B.……………………… 33,46
- スーパーのファミリー
    - 兄，ロバート・コルトン…………… 19
    - 大叔父，スーパー,C.W.…………… 23
    - 大叔父の子息，スーパー,D.R.……24
    - 二男，チャールズ……………… 18,25
    - 長男，ロバート………………… 18,25
    - 妻，アン・マーガレット（ペグ）………
      ……………………… 22,24,25,37
    - 両親，ポールとルイーズ（スタンプ）…17
- スコリコフ,V.……………………… 148,149
- スタウト,S.K.……………………… 113
- スタントン,G.C.……………………… 66
- スタンプ,S.A.…………………… 102,115
- ステファン,N.……………………… 119
- スペンナー,K.I.……………………… 65
- スロカム,J.W.……………………… 113
- セイバー,F.…………………………… 29
- セカラン,U.………………………… 138
- 仙﨑武……………………………… 148,149

177

ソーンダイク,E.L.················18,23,24
ソーンダイク,R.L.·····················23
【タ行】
タイラー,L.·······················52,53
ダヴィッドソン,P.E.···················25
ダグレー,J.C.·····················35,48
チクセントミハイ,M.··················79
ティードマン,D.V.···················100
ディラード,J.M.····················145
デーヴィス,R.V.·····················46
デシ,E.L.························105
テトロ,B.·························35
トーマス,C.V.······················20
トムスン,A.S.······················98
トンプソン,A.S.····················110
【ナ行】
ニーマイヤー,G.L.···················65
ニューコム,M.D.····················60
ネヴィル,D.·····················33,46
【ハ行】
ハー,E.L.····················119,121
パーソンズ,F.······················68
ハートマン,K.·····················102
ハーマー,J.L.······················45
パーマー,S.·······················99
ハーモン,L.W.·····················63
ハケット,G.····················60,61
パリィヒル,J.W.····················98
ハレン,V.A.······················101
バンデュラ,A.···················60,65
ハント,R.························53
ビーティー,O.V.····················79
ピエールクック,E.··················152
ビューラー,C.··················25,86
ヒュブナー,J.J.····················66
フアード,N.A.···············15,144,146
フィッツジェラルド,L.F.··············60
フィッツシモンズ,D.W.················48
フィッツシモンズ,G.·················35
フィニー,J.S.····················151
フィリップ,S.D.················15,113
フォレスト,L.·····················65

プライアー,R.G.L.···········46,49,51,53,58
ブラウン,D.················65,110,132
プラッツナー,F.C.··················109
ブルーシュタイン,D.L.················15
ブルーナー,J.S.····················77
ブルックス,L.····················132
ブルワー,J.M.······················22
ヘスケス,B.······················64
ベック,I.M.·······················53
ベッツ,N.E.················14,60,61,98
ペリン,D.W.·····················145
ベル,A.······················28,35
ヘンダーソン,S.····················64
ベントレー,P.M.····················60
ボーゲン,F.H.················36,64,67
ホール,A.T.············111,112,113,117
ボーン,M.·························35
ホポック,R.······················44
ホランド,J.·······················36
ボルグ,L.························53
ボルトン,B.·······················49
ホロウィッツ,M.J.··················77
ボンドラセック,F.W.··········65,100,148,149
【マ行】
マーシャ,J.E.·····················151
マーティン,G.······················35
マイアース,R.······················28
マイナー,F.·······················28
マイヤーズ,R.A.····················98
マクナブ,D.····················35,48
マルケス,F.·······················35
【ヤ行】
ヤング,R.A.·····················153
【ラ行】
ラーナー,R.M.····················100
ライアン,R.M.····················105
ラウテンシュラーガー,G.J.··········35,48
ラウンズ,J.D.··················48,52
ラルフ,J.························111
ランヤン,W.M.····················77
リンデマン,R.H.················98,110
レーン,J.·······················35

索　引

レオン,F.T.L.	147
レビンソン,D.J.	150
ロー,B.	148,149
ローキン,J.	35
ローゼンフィールド,R.A.	65
ローナー,R.M.	114
ローベル,S.A.	65
ロジャース,C.R.	64

ロドリケンズ,M.	145
ロフキスト,L.H.	46
ロンドン,M.	115,116

【ワ行】

ワーリン,P.	77
ワッツ,A.G.	32
ワトキンズ,C.E.	79

事　項

【アルファベット】

La Chataigneraie	19
La Psychologie des Interet	29
Merit Award	16
Prominent Career Award	17
ACCI	28,34,85
C-DAC	34
CDI	28,34,85
CDI-A	89
CMI	146
CPS	28,106,145
ERIC	109
IAAP	30
IAEVG	30
NCDA	14,16,17
SI	129,140
TEM	68,69
USAAC	26
WIS	33
WVI	45,85

【ア行】

アーチモデル	144
アメリカン・サイコロジスト	56
安定的キャリアパターン	69
意思決定レディネス	88
イプサーティブ形式	130,140
ウェブ・モデル	94
エスニックアイデンティティの発達	154
オニオン・モデル	44,48,49

【カ行】

| 階層的なモデル | 66 |
| 学習理論 | 67 |

学生のためのキャリア関心目録	35,38,94,95
価値尺度（values scale）	33,85
関係大学	
アームストロング大学	35
ウロクロウ大学	29
エクサン・プロヴァンス大学	29
オックスフォード大学	19,31
オハイオ州立大学	23,24
クラーク大学	24,25,26
クラカウ大学	29
ケンブリッジ大学	33
コロンビア大学	18,21,26,27,29,30,31
シャーブルック大学（カナダ）	31
ジョージア大学	34
ソルボンヌ大学	29
ノース・カロライナ大学	34
ハーバード大学	22
フェン・カレッジ（現・クリーブランド州立大学）	20
ポズナン大学	29
ミシガン州立大学	36
メリーランド大学	23
リスボン大学	31
リヨン大学	29
ワルシャワ大学	29
帰納的アプローチ	77
キャリア意思決定尺度	94
キャリア介入	14
キャリアカウンセラー	122
キャリアカウンセリング	121,122
キャリアカウンセリングへのアプローチ	
心理動態的方法	68

179

発達的方法‥‥‥‥‥‥‥‥‥‥‥‥68
　　物語的方法‥‥‥‥‥‥‥‥‥‥‥‥68
　キャリア関連行動‥‥‥‥‥‥‥‥‥‥‥62
　キャリア教育的なアプローチ‥‥‥‥‥148
　キャリア自己効力感理論‥‥‥‥‥60,61,62
　キャリアスタイル‥‥‥‥‥‥‥‥‥‥78
　キャリア成熟‥‥‥‥‥‥‥‥88,109,145147
　キャリア成熟に関するスーパーの構造モデル
　　‥‥‥‥‥‥‥‥‥‥‥‥‥‥‥‥91
　キャリア成熟の測定方法‥‥‥‥‥‥‥84
　キャリア成熟目録‥‥‥‥‥‥‥‥88,146
　キャリア選択のレディネス‥‥‥‥‥‥15
　キャリア探索基準‥‥‥‥‥‥‥‥‥102
　キャリア適応性‥‥‥‥‥‥‥15,108,109
　キャリアパターン研究‥‥‥‥28,87,106,145
　キャリア発達‥‥‥‥‥‥15,56,86,87,145,149
　キャリア発達のツリー‥‥‥‥‥‥‥‥73
　キャリア発達目録‥‥‥‥‥‥‥28,85,88
　キャリア発達目録成人版‥‥‥89,90,91,93,94
　キャリア発達理論‥‥‥‥‥‥‥‥‥149
　キャリアポートフォリオ‥‥‥‥‥‥‥68
　キャリアモデル‥‥‥‥‥‥‥‥‥68,81
　「キャリア理論の収束化」‥‥‥‥‥‥36
　キャリア・レジリエンス‥‥‥‥‥115,116
　Q分類‥‥‥‥‥‥‥‥‥‥‥‥‥‥59
　教育資源情報センター‥‥‥‥‥‥‥109
　教育的なアプローチ‥‥‥‥‥‥‥‥149
　教育モデル‥‥‥‥‥‥‥‥‥‥‥‥121
　クリーブランド・ガイダンス・サービス‥21
　クリーブランド・カウンセラー協会‥‥‥20
　現実自己，理想自己，職業的自己‥‥‥58
　航空部隊‥‥‥‥‥‥‥‥‥‥‥‥‥26
　構造的モデル‥‥‥‥‥‥‥‥‥‥‥97
　構築主義的アプローチ‥‥‥‥‥‥‥65
　コーピング‥‥‥‥‥‥‥‥‥‥‥‥87
　国際応用心理学会‥‥‥‥‥‥‥‥‥30
　国際教育・職業指導学会‥‥‥‥‥‥30
　個性記述的予測法‥‥‥‥‥‥‥‥‥77
　個別キャリアプラン‥‥‥‥‥‥‥‥‥68
【サ行】
　サイコロジカル・アブストラクト‥‥‥109
　ジェンダー‥‥‥‥‥‥‥‥‥‥126,134

　自我同一性‥‥‥‥‥‥‥‥‥‥‥151
　歯科モデル‥‥‥‥‥‥‥‥‥‥121,123
　自己概念‥‥‥‥‥‥‥‥‥‥‥‥14,56
　自己概念理論‥‥‥‥‥‥‥‥57,62,64,67
　自己効力感理論‥‥‥‥‥‥‥‥‥62,67
　自己成就的予言‥‥‥‥‥‥‥‥‥118
　仕事観評価法
　　一対比較法‥‥‥‥‥‥‥‥‥‥‥49
　　ASVABキャリア探索プログラム‥‥46,49
　　SIGI－PLUS‥‥‥‥‥‥‥‥46,47,49
　　MIQ‥‥‥‥‥‥‥‥‥‥‥‥46,48,50
　　自己報告法‥‥‥‥‥‥‥‥‥‥‥49
　　WAPS‥‥‥‥‥‥‥‥‥46,47,48,49,51
　　DISCOVER‥‥‥‥‥‥‥‥‥‥46,47
　　評定尺度法‥‥‥‥‥‥‥‥‥‥49,51
　　レパートリー・グリッド法‥‥‥‥‥49
　仕事に対する意識‥‥‥‥‥‥‥‥‥146
　「仕事のレベルと職務の満足」‥‥‥‥‥24
　自尊心‥‥‥‥‥‥‥‥‥‥‥‥‥‥59
　社会経済史‥‥‥‥‥‥‥‥‥‥‥‥19
　社会経済的地位‥‥‥‥‥‥‥‥‥145
　柔軟性‥‥‥‥‥‥‥‥‥‥‥‥119,120
　主題外挿法‥‥‥‥‥‥‥‥‥‥‥‥68
　順位法‥‥‥‥‥‥‥‥‥‥‥‥‥‥50
　生涯キャリア発達‥‥‥‥‥‥‥‥‥57
　職業価値目録‥‥‥‥‥‥‥‥‥‥45,85
　職業心理学‥‥‥‥‥‥‥‥‥‥‥58,67
　『職業生活の心理学』‥‥‥‥‥‥‥27,30
　職業的アイデンティティ‥‥‥‥‥‥151
　職業的自己‥‥‥‥‥‥‥‥‥‥‥‥58
　職業的自己概念‥‥‥‥‥‥‥‥‥‥56
　職業的社会化‥‥‥‥‥‥‥‥‥‥153
　職業的成熟‥‥‥‥‥‥‥‥‥‥‥‥97
　『職業的適応のダイナミックス』‥‥‥26,27
　職業の発達が生じる文脈に関する研究‥‥150
　職業の発達課題‥‥‥‥‥‥‥‥17,151
　職業の発達の過程‥‥‥‥‥‥‥‥‥56
　『職業的発達の理論』‥‥‥‥‥‥‥‥28
　職業の役割概念‥‥‥‥‥‥‥‥‥‥57
　女性のキャリアパターン‥‥‥‥‥‥‥73
　女性のためのキャリアカウンセリング‥‥60
　事例研究方法論‥‥‥‥‥‥‥‥‥106

人種的アイデンティティ……………………152
「真の推論」…………………………………68
『心理学的テストの方法による職業的適応度』
　………………………………………………27
進路選択に対するレディネス………………88
生活史法………………………………………69
制限妥協理論…………………………………56
成人キャリア関心目録………28,91,92,94,95
成人のキャリア成熟…………………………90
成人発達のモデル…………………………150
積極的不確実性アプローチ………………117
全国キャリア教育とカウンセリング研究所…32
全米キャリア発達学会………………………14
全米青年管理局（National Youth
　Administration）…………………………21
戦略の不適応………………………………111
組織心理学…………………………………117
【タ行】
第22回国際応用心理学会（於・京都）……35
多次元の測定方法……………………………59
多重アイデンティティ………………………65
多重自己参照モデル…………………………65
多重役割……………………………………127
適応性………………84,91,108,110,117,123,124
転換可能技能………………………………109
伝統的なイデオロギー……………………137
動機心理学…………………………………105
特性因子論………………………………62,64
特性理論………………………………………71
【ナ行】
認知のアプローチ…………………………114
認知的差異グリッド法………………………65
【ハ行】
パーソナル・コンストラクト………57,64,136
発達的アプローチ…………………………149
発達的キャリアカウンセリング……………
　………………………………………127,129,131
発達的な職業心理学………………………144
発達的文脈主義………………………144,153,154
発達の探索期………………………………116
半構造化面接法……………………………153
プラトーのプロセス………………………113

文化的文脈……………………………………15
文献目録………………………………………15
米国人事・指導学会…………………………29
保険統計法……………………………70,71,72
【マ行】
マッチング理論……………………………148
マトリックス法………………………………48
民族的アイデンティティ…………………144
民族的アイデンティティの発達に関する研究
　……………………………………………150
民族的・人種的アイデンティティ………151
物語法………………………………………106
モラトリアム期……………………………116
モンクレア地区教育委員会…………………18
【ヤ行】
『役割，価値，キャリア』…………………33
役割アイデンティティ………………………66
役割概念レプテスト法………………………65
役割構成レパートリー検査…………………51
役割特徴………………15,33,36,37,65,127,142
ユニオン・コングリゲーショナル・チャーチ
　………………………………………………18
【ラ行】
ライフ・キャリア……………………126,128,133
ライフ・キャリア・レインボー（虹のモデルと
　同じ）……………………36,37,76,85,128,132,144
ライフ・パターン……………………127,135
ライフパターン理論……………………71,72
ライフ・ヒストリー………………………127
ライフ・ロール……………………………129
リサイクリング……………………………108
理想自己………………………………………58
リッカート尺度評価法………………………45
「律動性」……………………………………80
臨床的方法……………………………………72
レオナ・タイラー賞…………………………31
レディネス……………………………………97
レバーヒューム財団…………………………32
【ワ行】
ワーク・ファミリー・コンフリクト………65
YMCA……………………………………16,17,18

原著者：執筆・翻訳者リスト

(上段・原著者の所属は当時，下段・執筆者・翻訳者は現職)

【本書まえがき】仙﨑　武（文教大学名誉教授，日本キャリア教育学会名誉会長）

【序文（Introduction）】

ドナルド・E・スーパーへ捧げる記念評論集

　　マーク・L・サビカス（*The Career Development Quarterly* 編集長）

　　仙﨑　武（前出）

【伝記（Biography）】

追慕・ドナルド・エドウィン・スーパー博士：行き先をかぎつけていた探険の一生

　　マーク・L・サビカス（北オハイオ大学医学部教授，行動科学部主任）

　　仙﨑　武（前出）

【評論（Articles）】

第1章　職業理論へのスーパーの貢献：仕事観

　　ドナルド・ジトウスキー（アイオワ州立大学心理学名誉教授）

　　野淵龍雄（椙山女学園大学名誉教授）

第2章　キャリア発達とカウンセリングにおける自己概念理論

　　ナンシー・ベッツ（オハイオ州立大学心理学部教授）

　　安田マヤ子（新潟県立高田南城高等学校通信制課程教諭）

　　［補訳］下村英雄（労働政策研究・研修機構キャリア支援部門主任研究員）

第3章　主題外挿法：キャリアカウンセリングとキャリアパターンの統合

　　デイビッド・A・ジェプセン（アイオワ大学カウンセラー教育学部教授）

　　京免徹雄（郡山女子大学短期大学部専任講師）

第4章　キャリア発達を測定する：現状と将来の行方

　　マーク・L・サビカス（前出）

　　下村英雄（前出）

第5章　進路選択のレディネス：プランニング，探索，意思決定

　　スーザン・D・フィリップ（ニューヨーク州立大学オーバニー校カウンセリング心理学部准教授）

デイビッド・L・ブルーシュタイン（ニューヨーク州立大学オーバニー校カウンセリング心理学部准教授）

浦部ひとみ（東京都立青井高等学校主幹教諭）

第6章　成人のキャリア適応性：いま，必要とされる構成概念

ジェーン・グッドマン（東ミシガン大学リーダーシップとカウンセリング学部准教授）

榧野　潤（労働政策研究・研修機構キャリア支援部門主任研究員）

第7章　役割特徴と多重役割：ジェンダーの視点から

エレン・ピエール・クック（シンシナティ大学人間科学部カウンセリングプログラム部門教授，主任）

榧野　潤（前出）

第8章　文化的な文脈におけるキャリア

ナディア・フアード（ウィスコンシン―ミルウォーキー大学教育心理学部准教授）

コンスエロ・アルボナ（ヒューストン大学教育心理学部准教授）

下村英雄（前出）

Donald. E. Super の『文献目録』：1932 〜 1994（原文のまま）

《Column》

・ガイダンス・カウンセリングにおけるＤ・Ｅ・スーパーの意義

國分康孝（東京成徳大学名誉教授）

・"A life-span, life-space approach to career development." をめぐって

菊池武剋（東北大学名誉教授）

・スーパーのキャリア発達理論から「能力開発構造図」へ

宮崎冴子（国立大学法人三重大学特任教授）

・今日のキャリア教育の礎石としてのスーパー

藤田晃之（筑波大学人間系教授）

・私のキャリアに影響を与えたスーパー博士との出会い

三村隆男（早稲田大学教授）

【本書あとがき】下村英雄（前出）

仙﨑　武 せんざき・たけし
文教大学名誉教授，日本キャリア教育学会名誉会長。1926年鳥取県生まれ。1950年早稲田大学文学部哲学科教育学専攻科卒，1959年，同大学大学院博士課程修了。大学卒業後，東京都立高校教諭，立正女子大学教育学部（現・文教大学）教授，大学院教授，教育研究所長を経て定年退職。この間，日本進路指導学会（現・日本キャリア教育学会）会長（1984～93），並びに国際教育・職業指導学会常任理事（1983～95），同アジア地域学会副会長（1994～97）などを歴任。主著に『ミネソタプランに学ぶもの（上・下）』日本進路指導協会，『新時代のキャリアガイダンス』（監・共訳）実務教育出版，『欧米におけるキャリア教育』文教大学出版部，『進路設計』（編・訳）日本進路指導協会，ほか，学術論文・論説，教育普及・啓発活動，海外研修等多数。

下村英雄 しもむら・ひでお
労働政策研究・研修機構キャリア支援部門主任研究員。1969年青森県生まれ。1997年筑波大学大学院博士課程心理学研究科修了。博士（心理学・筑波大学）。1997年より日本労働研究機構キャリアガイダンス部門研究員。組織名変更および昇進により現職。日本キャリア教育学会常任理事，日本産業カウンセリング学会理事。主著に『成人キャリア発達とキャリアガイダンス』労働政策研究・研修機構，『詳解　大学生のキャリアガイダンス論』（共編著）金子書房，『キャリア教育の心理学』東海教育研究所，『キャリア教育の系譜と展開－教育再生のためのグランドレビュー』（共著）雇用問題研究会，ほか多数。

Ｄ・Ｅ・スーパーの生涯と理論
キャリアガイダンス・カウンセリングの世界的泰斗のすべて

2013年11月1日　初版第1刷発行［検印省略］

著　　者	全米キャリア発達学会	
編訳者	仙﨑武・下村英雄Ⓒ	
発行者	村主典英	
発行所	株式会社　図書文化社	
	〒112-0012　東京都文京区大塚1-4-15	
	TEL. 03-3943-2511　FAX. 03-3943-2519	
	http://www.toshobunka.co.jp/	
	振替　00160-7-67697	
組　　版	株式会社　さくら工芸社	
印刷・製本	株式会社　高千穂印刷所	

JCOPY 〈(社)出版者著作権管理機構　委託出版物〉
本書の無断複写は著作権法上での例外を除き禁じられています。
複写される場合は，そのつど事前に，(社)出版者著作権管理機構
（電話 03-3513-6969, FAX 03-3513-6979, e-mail：info@jcopy.or.jp）
の許諾を得てください。

乱丁・落丁本の場合はお取り替えいたします。
定価はカバーに表示してあります。
ISBN978-4-8100-3637-4　C3037